THE NATURE OF MEDIEVAL NARRATIVE

FRENCH FORUM MONOGRAPHS

22

Editors R.C. LA CHARITÉ and V.A. LA CHARITÉ

THE NATURE OF MEDIEVAL NARRATIVE

EDITED BY
MINNETTE GRUNMANN-GAUDET
AND
ROBIN F. JONES

FRENCH FORUM, PUBLISHERS
LEXINGTON, KENTUCKY

Library of Congress Catalog Card Number 80-66330

ISBN 0-917058-21-6

Printed in the United States of America

ACKNOWLEDGMENTS

The debts incurred while preparing this volume are far too numerous for us to record here in full. We should like to offer sincere thanks nonetheless to the contributors to this volume and to the participants in *Colloque '77*, who helped to generate stimulating discussion following each paper. We are also grateful to the Faculty of Arts of the University of Western Ontario for its very generous sponsorship of the conference and to the Social Sciences and Humanities Research Council of Canada for the additional financial assistance which helped to make *Colloque '77* possible. Finally, we wish to thank the secretarial staff of the Department of French for their help during the conference and for their efforts in preparing the present manuscript for publication.

CONTENTS

INTRODUCTION

The papers in this collection were presented at the ninth annual colloquium of the Department of French at the University of Western Ontario. The title and general theme of the conference was the Nature of Medieval Narrative. The field engaged is an important one, for our understanding of the compositional principles of early narrative is incomplete and will likely remain so. This is not a fault of scholarship, but a fact of criticism. In the study of medieval literature, the evolving consciousness of the critic continually presents us with new facets of what would otherwise be a stable and unchanging corpus.

Medieval texts are no longer viewed as clumsy or naïve structures devoid of esthetic integrity or poetic interest. On the contrary, twentieth-century medieval criticism has consistently demonstrated that medieval authors consciously manipulated the elements of fiction to create highly complex and sophisticated forms. One of our primary considerations in planning this colloquium was to promote inquiry into the nature of these forms and into the subtle problematics which characterize them. By bringing together a group of well-known scholars whose interests and approaches were extremely varied, we hoped to stimulate fertile exchange and suggest new directions for research. We did not expect, as a result of this conference, to make a *definitive* statement on the nature of medieval poetics.

It is dangerous to reduce criticism to the formulation of absolute pronouncements. To do so is to impose rigid constraints upon a dynamic and ever evolving process as well as upon the texts themselves. All criticism is necessarily provisional, for as new discoveries are made and new theoretical bases forged, old assumptions often require revision. A case in point is Professor Zumthor's abnegation of his earlier classification of literature as "récit" and "non-récit." Zumthor's reassessment of his previous stance demonstrates that the critic's task is to reevaluate constantly the texts he is examining and the perspective from which he is viewing these texts.

The reevaluative process does not demand the rejection of traditional research. Although the papers in this volume do not acknowledge their indebtedness to traditional scholarship, this debt is obvious. Professors Grigsby and Calin exploit the biographical element in medieval literature, the former to distinguish the author from the narrator, the latter to show how the author as creator uses humor to mask his presence in the narrative. Professor Paquette uses the manuscript tradition of the *Chanson de Roland* to develop a poetics of the *laisses similaires*. Special consideration is given to rhetoric in Professor Vance's study of modes of discourse in *Aucassin et Nicolette*. The mainstay of traditional criticism, the investigation of sources and analogues, develops into a study of intertextuality in Professor Kunstmann's paper on the *Tristan*. Most important of all is the transformation which these papers show to have taken place in historical background studies. The contributors to this volume shift the emphasis from the way in which the text reflects reality to the way in which social, historical, religious, and ideological realities inform literary conventions and generate the compositional principles at work in the texts. These are only a few examples among many of the way in which the contributors to this volume reemploy and build upon traditional methodologies to create fresh analytical modes.

In the first paper of this collection, Professor Allen hints at the existence of a common link uniting all literary analyses by suggesting that both the creation of the text and the critic's perception of it are regulated by the cognitive processes of the human mind. Allen concerns himself in general with the question of how literature is created and understood and in particular with certain aspects of human perception and memory, while projecting how this knowledge might be used in the study of medieval narrative. Allen investigates the way in which the cognitive processes operate, so that he may apply his findings to the field of literary criticism. According to Allen, the mind translates analogical information into digital or binary information, but in the process some of this information is lost due to what Allen labels "round off errors." This already reduced material is then further consolidated into a series of binary oppositions. Thus we have a movement from complex digital information to simple basic categories.

Allen argues that we must learn to utilize these oppositions and to apply them more fruitfully to our analysis of literature. He notes that one way in which this might be accomplished would be to enumerate as many of these oppositions as possible, then place them in a hierarchical order. This in turn would allow a "reordering of elements into new classifications" and would thus draw our attention to elements previously considered unimportant, with a concomitant diminishing of the importance of other elements.

Allen's paper is valuable, for it stresses that an essential part of the critical process derives from our need to control what we see by ordering it and classifying it. In the realm of literary criticism, this often involves a reduction of the complexities of a text to a simplified schema, which we, as critics, perceive as encompassing the codifying principles of the work. This point is well illustrated in the second paper of this collection, in which Professor Zumthor examines the "narrativités latentes" or deep structures inherent in the panegyrical poetry of the *Grands Rhétoriqueurs*. According to Zumthor, these late fifteenth-century poems represent "textes à narrativité latente": that is, texts in which the narrative element is dominated by the descriptive element and thus appears to be weak or absent. Zumthor chooses this corpus expressly to test his theory that "toute parole dite littéraire (ou poétique) est fondamentalement récit." In adopting this position, Zumthor abandons his earlier classification of literary texts into "récit" and "non-récit" (*Essai de poétique médiévale*), a distinction which he now labels as an abusive extrapolation of Benveniste's opposition between "histoire" and "discours."

Zumthor argues that the *Rhétoriqueurs* were functionaries dependent upon their princely patrons and that their poetry was essentially political in nature. It was the poet's task to reflect an ideal or paradigmatic culture faithful to its own archetypes. By poeticizing current ideologies, the poet legitimized them and reassured the collective conscience of their validity. This was particularly important at the end of the fifteenth century, when various movements in the name of "progress" continuously brought into question the ideological premises on which existing social institutions were founded. One of the primary functions of poetic discourse was thus to neutralize or conceal the waves of change by praising the status quo. As a result, this apparently descriptive verse written in praise of the prince or his representative contains what Zumthor calls a "récit latent," or underlying narrative model, which, though never articulated, determines nonetheless the way in which these texts are composed.

To account for the deep structure of the panegyrical poetry of the *Rhétoriqueurs*, Zumthor proposes a general schema based upon two opposing series of interchangeable terms, which focus upon the relationship between the prince and his people:

A narrative progression conducts the discourse from one term to another, following four basic circular patterns, of which two are "historical" and two are "prophetic."

Zumthor's encapsulation of latent narrativities into a basic political model does not negate the presence of other, equally latent structures in the text. Like Allen, Zumthor acknowledges that literary texts contain a variety of deep structures which must be classified in the order of their importance in the work. Other codifying principles exist in the poetry of the *Grands Rhétoriqueurs*, but Zumthor argues that these principles are subordinate to and encompassed by political concerns: "C'est ainsi que la poésie des Grands Rhétoriqueurs est foncièrement politique: les autres discours qu'il lui arrive de tenir (religieux ou érotiques) sont, par ce dessein général et formalisateur, embrassés, supportés, valorisés."

The importance which Zumthor accords to the way in which literary discourse reflects external factors is echoed by Professor Vance in his paper on *Aucassin et Nicolette*. Adopting a somewhat different perspective, Vance considers the thirteenth-century *chantefable* "as a medieval experiment in the pragmatics of speech, or in what others have termed 'discourse analysis.'" According to Vance, the different kinds of discourse which appear in this text are "socially marked" and thus mirror intergroup relations within organized society. Vance argues that *Aucassin et Nicolette* is a *"mise en rapport* not only of lovers, but also of . . . modes of speech, in such a manner that the ideological and socially determined features of each discourse become defined functionally through contrast with those of the others."

Vance demonstrates how rigid characterization, so necessary to the development of plot, makes the characters into "icons of a discourse," rather than human beings. Since events lack temporal and spatial definition, they also become events of language, acts of discourse. The alternation of sung verse and recited prose is important as well, in that each represents a form of speech whose mode of signification is distinct from the other. Vance shows that it is primarily the noble characters who are "permitted to enter the discursive realm of verse." The division of the text into alternating verse and prose passages also has certain semiological overtones. Lexically the verse portions seem to contain a much greater proportion of nouns and adjectives than the prose, where verbs and adverbs appear to dominate. Thus the verse segments "proffer a world which tends to be static and remote, and in which nominalizing language often constitutes its own action; the prose, by contrast, proffers a world where temporal and spatial perspectives prevail, one in which movement and action are in order."

Having made these observations, Vance proceeds to a detailed analysis of the various kinds of speech present in the text. The courtly or elevated style of Aucassin and Nicolette, which represents a figurative mode of discourse, is shown to be at odds with the literal-minded speech of the shepherds and the plowman. Vance examines the "numerous failures, imbalances, and dissymetries of exchange" inherent in the text and concludes that, although this *chantefable* is "structurally complete," it is "informed by a plurality of discourses that mutually call into question each others' premises . . . ," thus creating a "dialectic of conjunctive narrative forms with disjunctive modes of enunciation."

In his paper Vance stresses the referential nature of language and the way in which social and ideological phenomena influence modes of speech. A similar critical method is employed by Professor Grunmann-Gaudet, who demonstrates how medieval "time-values" affect the language, composition, and narrative structure of the Oxford *Roland*. In the first part of her paper Grunmann-Gaudet emphasizes the static quality of medieval perceptions of time. She notes that in the twelfth and thirteenth centuries, there existed an "attitude of temporal ease in which time and change were relatively unimportant." This she relates to medieval man's search for absolute truths, his obsession with the eternal, his concern with that which was essentially timeless.

Grunmann-Gaudet relates these "time-values" to the *Chanson de Roland*, which she shows to be basically achronological. She argues that the *Roland* displays "a general unconcern with temporal connections" and that the few temporal markers which do appear (references to religious festivals, allusions to daybreak or nightfall) "serve primarily to create atmosphere, not to pinpoint events in time."

To emphasize further the atemporal nature of the *Roland*, Grunmann-Gaudet provides a detailed analysis of the text from the perspective of transience, sequence, and irreversibility, the three major characteristics of time as defined by A. Mendilow. She demonstrates with abundant textual documentation that there is no transience. The reader is plunged into an eternal present in which seasons do not appear to change, men to age, or characters to evolve. In the *Roland* characters are rendered immobile by the use of formulaic epithets which freeze them in time. As Grunmann-Gaudet remarks, "there is a heavy sense of fatality which prevents the characters from moving, changing, or exercising their free will."

Before analyzing sequence in the *Chanson de Roland*, Grunmann-Gaudet distinguishes between what Genette, Todorov, Ricardou, and others call the "two temporal axes": "le temps du signifié" and "le temps du signifiant," the former being the order of events as they actually took place, the latter the way in which the poet arranges these events in the narrative. The *Roland* legend does have a beginning, a middle, and an end, but as it is recounted, the narrative displays a lack of linearity. Often events are not related consecutively or linked causally one to the other. Instead the poet leaps into the future with anticipatory statements, then back into the past with reminders of what has already transpired. "Reprises épiques," abrupt changes in scene, and illogical tense usage also contribute to the confusion and fragmentation of time sequences.

Grunmann-Gaudet defines the third characteristic of secular time, irreversibility, as the unidirectional movement towards an end and shows how this movement is interrupted by the intrusion of sacred time, which, in creating "a static vertical element," obstructs chronological sequence.

Grunmann-Gaudet's analysis of time in the *Chanson de Roland* reveals a "static atemporal pattern," which accounts in turn for the structure which the poem assumes. There are few subordinating links between scenes and little or no hypotaxis. The narrative divides into self-contained, independent units or frames which are juxtaposed to one another in an additive, cumulative fashion. Narrative development is non-linear, non-sequential, as is the underlying temporal pattern of the poem.

In her paper, Grunmann-Gaudet cites A. Mendilow's notion that "every work has its own temporal patterns and values and acquires its originality by the adequacy with which they are conveyed or expressed." To extend this statement, each substantively different version of a text may reveal somewhat varying patterns, a topic which Professor Paquette explores in his study of the manuscript tradition of the *Chanson de Roland*. Although he does not devote specific attention to the temporal aspect, Paquette analyzes other important changes which occur during the transmission or proliferation of a text. Concentrating his analysis on the treatment of the *laisses similaires* in the *scène du cor*, Paquette divides his attention between a general investigation of the musicality of the *laisses similaires* and a study of the way in which nine components of the *laisses* undergo progressive deterioration in the later versions of the text.

Paquette describes his paper as a contribution to the poetics of the *laisses similaires*. He notes that the *laisses* provide a lyrical "strategy" based on ternary recurrence. This "strategy" punctuates the play of binary oppositions from which the story evolves and in so doing arrests the flow of the narrative proper, creating a lyrical pause. Paquette contends that lyricism is at its height in the Oxford *Roland*, which sets a standard for harmony that subsequent versions are unable to match.

Paquette's paper is of interest not only as a contribution to our knowledge of the workings of the *laisses similaires*, but also as the history of the esthetic evolution of a single unit of narration: the *scène du cor*. Paquette underscores the perfect integration of *forme* and *fond* exemplified by the oldest text. Comparing subsequent versions, he shows that any disjunctive change from the Oxford *Roland* destroys the rhythmical, lexical, syntactic, and morphological coherence of the poem. He also underscores the cultural and ideological changes implicit in the modifications of the later manuscripts of the *Roland* and insists upon the reciprocal relationship which exists between the ideology which produces a text and the esthetic structure which the text assumes.

Through Paquette's study one is brought to value all the reworkings and copies of a text as the record of so many "readings," made in accordance with contemporary conventions. By the same token, one is also brought to question whether, engaged on their own terms, the subsequent versions of the *Roland* might not reveal qualities that are apparently lacking when viewed from the perspective of the Oxford manuscript.

Whereas Paquette explores the relation of content to form, Professor Ollier, adopting a different perspective and a different corpus, investigates the relation of poetic form to narrative continuity in twelfth-century romance. As a prelude to her discussion, Ollier underscores the close bond which exists between sound and meaning in poetry destined for oral recitation and stresses the important function of the human voice in the delivery of twelfth-century verse romances. By reproducing the measure, cadence, and rhyme of the octosyllabic meter, the reader's voice acted as a kind of musical accompaniment to the narrative proper as well as an intermediary between the text and its audience. Thus, reading aloud served a dual purpose, both narrative and poetic. As Ollier states, "la voix du récitant compte les syllabes en vers, autant qu'elle conte l'histoire." By recalling to us the instrumental role of the human voice in the recitation of the verse romance, Ollier points up the equal importance of the poetic and narrative elements. She then proceeds to investigate the relationship between the requirements of narration and the exigencies of verse, paying specific attention to tense usage.

Limiting her corpus to the first 3000 verses of the *Perceval*, Ollier demonstrates how rhyme is often a determining factor in the choice of tenses, the poet favoring tenses whose desinences are more or less identical. Therefore, verbs occurring at the end of a verse tend to be in the imperfect (both indicative and subjunctive) and the preterite, rather than the present tense, whose endings, at least in the first, second, and third person singular, are often irregular. The present tense frequently appears, however, in the middle of a verse, hence the mixture of tenses in Old French. Ollier also notes that the preterite is often used in "vers de reprise," which she defines as verses which serve to close off or cut short digressions and thus bring the narrative back to its main points of interest. Ollier finds ten such "vers de reprise" in her sample, nine of which begin with *ENSI*.

Focusing her attention upon the present tense, Ollier distinguishes between the "présent focalisateur" or narrative present tense and the "présent en permanence," a term which she uses to encompass narrative interventions and other forms of sententious diction. According to Ollier, the "présent focalisateur" punctuates the narrative, ordering it in a kind of rhythmic distribution and highlighting certain verses or episodes. But the "présent focalisateur" is more than a highlighting device; it is the primary tense of the discourse, the tense of the poetic voice who is reciting without actually saying "I."

Oral delivery is one of a number of important practical, as distinct from esthetic, factors shaping early medieval narrative.

Ollier, in her conclusion, announces her intention to devote future study to practical concerns, specifically the role of the human voice in determining the structure and mode of signification of verse romance. In his paper, Professor Jones deals with an equally practical issue, the relation of the processes of composition and conditions of performance to the nature of early oral and written narrative. He gives special consideration to the Anglo-Norman *Voyage of Saint Brendan* by Benedict.

On the basis of information gleaned from the prologue, the *Brendan* is shown to belong in all probability to the very beginning of the twelfth century and to be the earliest surviving narrative poem in the vernacular of which it can be said with any degree of certainty that it was composed in writing by an author conscious of and insistent upon his individuality and role as writer. Although inevitably tied to convention like all literature, the *Brendan* is not the product of tradition and collaboration with the audience in the way that orally composed works are. It is, on the contrary, a personal creation and a written text, and as such relies on a relationship between author, work, and audience which is essentially different from that which joined the early religious and epic poems and their public. What Benedict creates would be unthinkable and unknowable without him; yet by the act of writing he has banished himself from his creation. Henceforth, his text can exist only through a corresponding act of reading. This imposes on the written word the burden of guiding the reader in his re-creation of the poem, a burden lightened in the case of the epic by the collaboration-wrought familiarity uniting singer and public. Jones compares the composition of the *Brendan* with that of contemporary oral literature and contends that the differences which become apparent are a function of altered circumstances and conditions of performance, resulting in new requirements for the communication of meaning. Among the differences which he identifies are authorial glossing, hypotaxis, and irony.

The banishment of the creator by his creation, used by Jones as a basis for distinguishing oral from written composition, is the theme of Professor Grigsby's reflections on the ontology ("the mode and situs of existence") of the narrator in medieval romance. For Grigsby, the medieval author is banished not only by his text, but also by the very process of composition, here represented as the practice of borrowing from the common fund of literature and as engaging conventions dictated by the group to which the work is addressed. His personal identity smothered by his text, all that remains of the author is the subject of the speaking act, the narrator, whom Grigsby redefines as follows: "a textual super-ego born from the conventions of a social group and living within a literary structure." This leads Grigsby to the crux of his paper: "With the preponderance of tradition and convention, can medieval narrators be identified, distinguished from each other, demonstrate originality?" In spite of "intertextuality" (here the common practice of borrowing from preceding texts), Grigsby concludes that medieval narrators do display a certain degree of uniqueness. He cites in this connection the studies of Dana Nelson, Anne Ladd, and others, as well as his own findings with regard to the five narrators of Chrétien de Troyes's romances. According to Grigsby, the narrator is a fragmentable being, composed of both individual and generic elements. Grigsby insists that it is possible to sort out these different components and thus to separate that which is unique from that which is commonplace. He acknowledges, however, the difficulty of such a task as well as the necessary subjectivity of one's findings: "Because the narrative components derive from multiple sources, because they may represent or misrepresent the author, because they may function on several levels, every analyst will surely discover diverse accents in each voice he examines and each analyst's interpretation will undoubtedly reflect the succession of beings which fragment his own life."

The practice of bringing together a multiplicity of existing elements to form a structure capable of sustaining meaning, which led Zumthor to describe the medieval author as a continuator and Grigsby to ponder whether medieval narrators might be identified, compared, and classified, is the main issue treated by Professor Kunstmann in his analysis of the composition of *Tristan* by Thomas. In terminology borrowed from L. Jenny and L. Dällenbach, Kunstmann describes Thomas' version of the story as an intertext ("texte absorbant une multiplicité de textes tout en restant centré par un sens") structured around an autotext, that is, around an episode—here, that of "Tristan le Nain"—which serves as a "miroir exemplaire" of the main story. The autotext acts as a catalyst within and as a commentary upon the intertext. It leads to the resolution of the action of the main story and gestures in the direction of its meaning.

As an intertext, the *Tristan* absorbs and transforms elements of literary works known to Henry II's court in the second half of the twelfth century. It also synthesizes the disparate elements of the legend itself. The latter process does not preclude selection and is responsible for the inclusion of the autotextual episode of "Tristan le Nain" in preference to that of "La Folie Tristan." In support of this view, Kunstmann contends that the distinctive feature of the composition of the *Tristan* is "fission" or "division," with the result that events and characters duplicate themselves and consequently stand in a relationship of mutual reflection. The "Nain" episode is justified because it is a reduced model of the story of Tristan. Furthermore, in this episode the act of storytelling is itself duplicated. The protagonist is transformed into a listener whose function is to recognize himself in his double and to aspire to the higher state of *imago* that the double represents.

Reflection might be said to provoke reflection, not only in the case of the hero, but also in that of Thomas' audience, the members of which are duplicated by the hero as "addressee." In Kunstmann's words, "l'autotexte remplit, par rapport au texte, une fonction de symbolisation analogue à celle du texte par rapport à l'extra-texte: le roman se pose en exemple à tous les amants et à l'intérieur de celui-ci l'auto-texte fonde l'exemple du roman."

For Professor Mermier, in his study "Structure et sens de la conjointure narrative et dramatique du roman *Petit Jehan de Saintré*," "l'exemple du roman" is "set" in the opening narrative statement. Mermier divides his text into three parts or acts, the first corresponding to an exposition, the second, to a development of the plot, and the third, to a dénouement. He then proceeds to examine the meaning or meanings it is possible to elicit from the first act of this work (pp. 1-36) and to show how the dynamics of the entire text are reflected in this initial segment.

Mermier concerns himself in particular with *the way in which* meaning is communicated in *Petit Jehan de Saintré*, rather than *what* is communicated. In so doing, he refers to the romanesque model developed by Zumthor in his *Essai de poétique médiévale* (p. 352) and specifically to Zumthor's theory that romance narrative is engendered "par un mouvement de l'imagination qui, projetant dans l'avenir quelque image traditionnelle, la confronte au présent vécu, et tente de l'interpréter, de lui faire rendre un sens, qui sera le sien." Mermier shows, however, that *Petit Jehan de Saintré* transcends this model, in that it is a kind of "roman-théâtre," containing a unique combination of narrative and dramatic forms. According to Mermier, this "image traditionnelle" undergoes what Zumthor calls a "progression vers un après" (*Essai*, p. 352) which is catalyzed by the dialogue ("le dynamisme de la parole"). Since most events and actions in *Petit Jehan de Saintré* are presented through direct speech and thus given dramatic form, meaning becomes encoded in the play of narrative and dramatic, static and dynamic elements.

Like Mermier, Professor Calin concentrates on the way in which meaning is encoded in late courtly narrative. He chooses as his corpus two largely neglected works, *Les Epîtres de l'amant vert* and *La Concorde des deux langages* by Jean Lemaire de Belges. The *Epîtres* are written in the voice of Amant Vert, the parrot of Margaret of Austria. In the first, which is mock-courtly, the parrot announces his intention to commit suicide because of his unrequited love for his mistress. In the second, which is mock-heroic, he recounts his voyage after death to the animal equivalent of the Elysian Fields.

In his paper, Calin provides us with several possible avenues of approach to the epistles. Analyzing the comic elements, he shows how humor not only derives from the parody of earlier traditions and literary conventions, but also from incongruities inherent in the subject itself. Using Bergson's theory of laughter, "le mécanique plaqué sur le vivant," he points up the humorous juxtaposition of the human and the animal aspects of the lover, who manifests behavior befitting an exotic bird, but unnatural in a human being, and vice versa. The courtly and the vulgar are also juxtaposed in the development of the love theme, the avowed purity of the bird's love for Margaret contrasting sharply with his obvious lascivity and voyeur-like nature. Calin shows that humor is created here through the discrepancy between words and actions, rhetoric and events. Laughter also evolves from the contrast between the subject of the poem (the death of a household pet) and the form in which the poet addresses this subject (a formal epistle composed *in sermone gravis*).

Calin does not limit his discussion to the comic aspects of the epistles, but points as well to the way in which humor disguises more serious thematic concerns, in particular, the relationship between poet, patron, and audience. Here Calin's analysis relates very closely to Zumthor's exploration of "narrativités latentes." In *Les Epîtres de l'amant vert* humor masks the codifying principles of alienation and death, much in the same way that the rhetoric of hyperbole conceals the latent narrative structure of the panegyrical poetry of the *Grands Rhétoriqueurs*.

Calin also provides a third means of approaching the works of Jean Lemaire de Belges—by examining the relationship between the text and its audience. According to Calin, a literary text reflects its intended public (in this instance, the court) and serves this public precisely because it mirrors its most sacred values: elegance, style, and wit. The court, in turn, serves literature by being a patron of the arts. "The court exists, parades, serves its members as a community through speech and art." One cannot separate the artist from his community, since it is this community which provides him with his artistic inspiration, a subject which Calin continues to explore in his analysis of *La Concorde des deux langages*, where he also delves into the nature of verbal speech.

Calin's paper provides a fitting conclusion to this collection of essays on the nature of medieval narrative, not only because he deals with courtly literature at the *close* of the Middle Ages, but also because he echoes concerns voiced by other papers of this volume by exploring how various approaches of modern criticism can best be applied to medieval texts.

The papers which form this collection pertain specifically to questions and problems peculiar to the narrative tradition in medieval literature, particularly its oral heritage, and the authority granted to tradition and convention, with its corollary de-emphasis of that which is individual and unique. However, the manner in which the contributors to this volume approach the problematics of medieval literature is of general interest to anyone involved in the study of poetics, for they all deal basically with the ways in which meaning is encoded or decoded. By employing tools of modern linguistic theory, the papers in this collection move away from historical scholarship. At the same time, the collection refuses to embrace theories of textual autonomy espoused by the school of New Criticism and by certain structuralists and semioticians. In this volume medieval texts are not viewed as insulated, self-contained entities, but as contingent creations, whose structure and meaning are informed by a number of external factors. It is this principle of the reflective nature of medieval literature that is consistently articulated by the critics represented here. Despite their variety of approaches, each of these critics manifests a common concern for the contextual element of literature and the inextricable bond which exists between literary creation and the cultural and ideological milieu which generates it.

Minnette Grunmann-Gaudet
Robin F. Jones
London, Canada
June 1, 1979

John Robin Allen

The Perception of Medieval Narrative

In the first two thirds of this century, medieval literary critics have moved away from an earlier scientific positivism to a more impressionistic method of interpretation. The former bequeathed us a vast body of cold but, for the most part, unchanging literary facts. Their successors sought other methods that would make medieval literature more comprehensible and appealing.

In the last few years, however, a third significant critical trend has emerged. It can best be seen in the work done on structuralist poetics, work which one critic has called "one of the most stimulating challenges to medieval literary criticism since the revolt against positivism."[1] Structuralism, as it is called, is an attempt to link the scientific documentation of earlier scholarly research to the interpretative aspects of more recent criticism. It does not seek to explain how author X influenced author Y, or what other factors in Y's life might be reflected in his writing, but rather to discover how a given literary work is put together and, if possible, the esthetic, possibly subconscious, reasons which give that work its structure.

The discoveries of linguists and especially phoneticians played a useful role in helping structural poetics to develop. Those scholars provided literary critics with an example of a search for unchanging truths that transcend the observer. Linguistics suggested the idea that there are discoverable, universal laws governing language and that, on a higher level, there may also be universal laws that govern the creation and comprehension of literature, the highest form of language.

For example, the concept of a minimal distinctive unit of sound, the phoneme, can be a useful tool for describing certain aspects of language and its comprehension by the human mind. The phoneme also provides a striking parallel to certain concepts of literary criticism: an allophone is to a phoneme as, say, a work is to a genre, or as a manuscript of the *Prise d'Orange* is to the idea of the *Prise d'Orange*. In each case a reality existing in time and space is recognized by the human mind as distinct from other entities, and this distinction creates a "class" which serves to define other entities by the degree to which they fit or do not fit into this given class.

Given the advance of linguistics in providing a theoretical framework to explain how language functions and, in part, how it is created and understood by the human mind, it is not surprising that literary critics have been tempted to follow the linguistic example and explain in similar terms how literature might be created and understood by the human mind. No one pretends that these theories explain anything more than a small aspect of how the mind functions. Despite the spectacular advances in recent years, our knowledge of its operations is severely limited. My purpose here is merely to outline certain aspects of human perception and memory, and then to suggest how this knowledge may be applied to the study of medieval narrative. Clearly, theoretical explanations of observed phenomena may be subject to revision, but they are still essential in helping us to discover basic truths.

The initial concept governing the theory of perception discussed here will appear at first to have no relation to the study of literature, particularly medieval literature. It is the distinction between two forms of information: analogical and digital (or binary) information. An analogue computer works with quantities directly measurable in time and space, quantities such as voltage, electrical resistance, degrees of rotation of a gear, and so forth. A digital computer, on the other hand, works only with discrete units of information, such as holes punched in cards; at any given point there either is or is not a hole, or "bit" of information. Different combinations of these "bits," whether registered as holes on cards, pulses on a magnetic tape, or in any other form of storage device, all represent more complex forms of discrete information, such as numbers, letters, or other symbols.

In everyday life we convert so frequently between analogical and digital information that we tend to ignore the difference between the two. A clock with hands on it shows analogical information in the degree of rotation of those hands, but a person who reads the time aloud from it will do so in a digital form, saying, for example, "The time is exactly five fifteen," as if he were reading numbers from a digital watch. Another person hearing that information can then set the hands on a second clock, thus converting the digital information back into an analogical form.

It is important to note that each time information is converted in such a manner, part of the information is lost, changed into something else. The loss is not usually considered important, for enough information can be given prior to the conversion to meet any tolerances required. Most persons who set a clock are satisfied to know the time to the nearest minute. If they require more precision, more information has to be encoded, to give the time to the nearest second, for example. But round-off errors still make it impossible to convert analogical information to digital, or vice versa, without a loss of part of that information. By the same token, a yardstick, which expresses analogical information, a quantity measurable in space, can never be "exactly" three feet long, since "three" is a digital concept; at best, it can give only a close, perhaps a very close, approximation of "three feet." The converse is, of course, equally true, since the words "three feet" are only an approximation of the actual length of the yardstick.

As far as we know, our universe is composed of four entities: space, time, matter, energy, all of which are forms of analogical information.[2] Our perception of the universe is, however, digital. When we look at something, it is not a picture of the world that is transmitted along the optic nerve to the brain, but digital information describing the world perceived. The optic cells of the retina are organized into various levels: at the lowest, a cell may react to varying intensities of a given frequency of light; while the light itself is analogical, the perception of it is a digital phenomenon, and the eye rapidly converts the information into other digital forms. Within the eye a search is made for rows of light and dark which would indicate edges; when these are detected, their orientation and movement are noted. There is a further refinement of information, still within the eye, in order to link, for example, the perception of three edges so as to form the concept "triangle." It is that discrete piece of digital information, rather than an analogic picture of a triangle, which is transmitted along the optic nerve.

We find a similar phenomenon in phonetics. When one pronounces a front vowel, the tongue assumes a position somewhere between a high /i/ and a low /a/, inclusive. In theory this gives an infinite variety of positions, and the precise position the tongue assumes can be considered to be analogical information. The mind, however, perceives it in a digital form, as a phoneme, a discrete, distinctive unit of sound. The infinite variety of possible positions the tongue may assume is reduced to one of a limited set of recognizable distinct positions. This reduction of information is the first step in thought. The brain does not recognize the analogical position of the tongue, but the phoneme, which it subsequently organizes into units of higher meaning.

At a low level, perception first involves the conversion of analogical to digital information and then its conversion into other digital formats. Since any digital information can ultimately be reduced to a series of binary oppositions, and since thought is digital in nature, it is not unreasonable to assume that binary oppositions exist in the mind before any stimulus is perceived, just as phonemes must exist in the mind before they can be perceived. The binary oppositions may then be altered by the perceived stimulus or may remain the same. I would further venture to think that primitive literature, more than others, tends to emphasize such binary oppositions and that part of its appeal lies in just that fact: it portrays the essence of human thought and emotion. The *chansons de geste* abound in such binary oppositions: Franks versus Saracens, Christians versus Pagans, North versus South, Rich versus Poor, Good versus Evil, Light versus Dark, and so forth. Such oppositions are ultimately reductions of complex digital information into simple basic categories.

Before we apply any of these observations to the study of medieval narrative, however, some general conclusions should be drawn. The first is that the contrast in linguistics between *langue* and *parole*, between rule and behavior, between competence and performance, is more accurately described as the contrast between digital and analogical processes. Anything understood as a mental concept is digital. Any action in time and space is analogical. The archetype of a myth, of a heroic legend, is digital in nature: it has certain elements which may or may not appear in individual variations, performances, or written records. It is similar to *langue*, a set of rules governing actual performance. When a *jongleur* sings an epic, on the other hand, his actions in time and space are analogical; as in the case with *parole*, they approximate, but do not duplicate, certain guiding principles governing this particular legend.

A second general conclusion to be drawn is that, while the study of contrastive elements—binary oppositions—in literary works can be helpful to indicate some of the principles guiding production and perception of given works, those binary elements are probably so numerous that they cannot be examined exhaustively. The role of the critic may well be similar in function to that of the human mind, to bring an order into vast amounts of information by noting similarities in certain binary oppositions found within that information. Given the large numbers of such classifications possible, one must be cautious not to think that any single binary opposition is the basic first step in human thought and that, to use the words of one critic, "one cannot get below it, for below it is chaos." There are literally millions of such basic "deep structures" in human thought and artistic creation. We would more profitably address ourselves to studying how some of the differing structures operate within a given work.

Finally, we should note that even if it were possible to map all the binary structures within a given work, we still would have only a small grasp of how it is perceived and appreciated by the human mind. That should not, however, deter us from attempting such analyses. We may still appreciate the beauty of a medieval cathedral even if we do not fully comprehend the engineering and esthetic principles governing its construction.

I propose to turn now from these general considerations and to examine how our present knowledge of the way the human mind perceives and manipulates information may be applied to the study of medieval narrative. Recent critics have seen in the so-called "logical square" an exposition of the deep structure governing medieval epic literature. The logical square, which, indeed, was first developed in the Middle Ages, is a pictorial method of expressing a relationship between four contrasting entities, each of which occupies a different corner of the square. The top left and right corners express a basic opposition; the bottom left and right corners express the absence of the opposing elements. If the top left and right corners stand for Christians and pagans respectively, then the bottom left corner stands for anything that is not pagan, and the bottom right corner stands for anything that is not Christian.

Scientists today find such diagrams of little practical value,[3] but they are useful for underlining certain basic concepts of literary works. Paul Zumthor used a variation of the logical square in his *Essai de poétique médiévale* when he diagramed the opposition between characters who are "bons par nature" and those who are "méchants par nature"; both are on a plane described as a "situation de conflit permanente." Beneath that plane, in Zumthor's diagram, is another level which he calls the "zone d'échange," where people on one side are "bons par repentir ou conversion" and, on the other side, "méchants par trahison ou reniement."[4] Guy Mermier subsequently applied this schema to a comparison of the *Chanson de Roland* with the Conques tympanum;[5] in a more traditional exposition, P. Van Nuffel and L.S. Crist used the same concept in their studies on other *chansons de geste*.[6]

Such diagrams do not show the most elementary deep structure governing the creation of literary works, but rather fusions of yet more elementary structures, the binary oppositions described earlier. The Zumthor and Mermier diagrams fuse the opposition between Good and Evil (left and right) with the con-flict between congenital or natural characteristics and assumed or unnatural characteristics (upper and lower levels). The schemas adopted by Van Nuffel and Crist fuse an opposition between Christians and pagans (left and right) with the opposition be-tween specific characteristics and undistinguished characteristics (upper and lower levels).[7]

The basic element, however, is not the square itself, but the oppositions, two of which are found in each square. The brain is not limited to such two-dimensional structures; they represent only an infinitesimal part of the many combinations possible in deep structure. A three-dimensional diagram would be a better framework onto which to map a series of oppositions, but even a cube, with eight corners and twelve primary lines of opposi-tion, is only a small representation of one segment in the struc-ture of a literary creation.

Our earlier observations on visual and aural perception have suggested that a more fruitful area of study is available to us: an examination of how information is ordered within the mind, how large amounts of data are reduced into easily manipulated general concepts. Just as an infinite variety of tongue positions are transformed into a limited set of phonemes, and the pho-neme combinations are transformed into a limited set of mor-phemes, a similar hierarchy is often applied to aspects of the epic: formulas in combination give themes, which in turn develop into episodes, groups of which form séances (performances of part of an epic), successions of which make an epic, groups of which make up families of *Gestes*, all of which form a body of epic literature in opposition to romance literature. What happens in such progressions is that certain dissimilar elements are ignored so that similarities become apparent. This kind of ordering is usually attributed to the scholastics,[8] but it is also clear that such a hierarchial ordering is a part of all mental activity. The conversion from analogical to digital information first requires, by definition, a loss or change of part of that information. The progression from that point on, from digital to digital, also assumes such losses. Thus, two hemistichs are considered sim-ilar (and thus defined as hemistichs) by ignoring all individual characteristics save for the number of syllables they contain and their location. A series of epics is unified into a family by ignoring all variants save one: in one family the unifying feature is the principal character or his family (*Geste du roi, Geste de Garin de Monglane*); in another it is a common enemy, the king (*Geste de Doon de Mayence*); in another it is the locus (*Geste des Loherains*); and so forth.

Those classifications are traditional, but other classifications can be made on an individual basis, and much of what we know as scholarship is simply that: a reordering of elements into new classifications, which then draws our attention to some elements previously considered unimportant and diminishes the importance of others. A classic example of this kind of scholarship was seen in Lévi-Strauss' analysis of the Oedipus myth.[9] By contrasting elements showing "rapports de parenté sur-estimés" with others showing "rapports de parenté sous-estimés" and then comparing them to an opposition over the origin of man, he provided a new interpretation of the meaning of the legend. No doubt future work in literary criticism will continue to make similar collocations based on binary oppositions, and critics will seek hierarchial orderings within those oppositions.

Since it is hardly possible in a short space to analyze a complete epic or a romance, I propose, as a specific illustration of my thesis, to examine the structures of thought that can be deduced from a collocation and ordering of the binary oppositions I find in a single *laisse* of the *Chanson de Roland*. *Laisse* CXLIX describes the encounter between Roland and Oliver moments before the latter's death at Roncevaux. Mortally wounded, blinded by his own blood, Oliver accidentally mistakes his friend for a pagan and strikes him, nearly causing a heavy wound. Roland pardons him and the two separate in friendship for the last time. Oliver dies soon afterwards:

> 1989   As vus Rollant sur sun cheval pasmet
> 1990   E Oliver ki est a mort naffret.
>   Tant ad seinet li oil li sunt trublet.
>   Ne loinz ne prés ne poet vedeir si cler
>   Que reconoistre poisset nuls hom mortel.
>   Sun cumpaignun, cum il l'at encuntret,

1995 Sil fiert amunt sur l'elme a or gemet,
     Tut li detrenchet d'ici qu'al nasel;
     Mais en la teste ne l'ad mie adeset.
     A icel colp l'ad Rolland reguardet,
     Si li demandet dulcement e suef:
2000 "Sire cumpain, faites le vos de gred?
     Ja est ço Rollant, ki tant vos soelt amer!
     Par nule guise ne m'aviez desfiet!"
     Dist Oliver: "Or vos oi jo parler.
     Jo ne vos vei, veied vus Damnedeu!
2005 Ferut vos ai, car le me pardunez!"
     Rollant respunt: "Jo n'ai nïent de mel.
     Jol vos parduins ici e devant Deu."
     A icel mot l'un a l'altre ad clinet.
     Par tel amur as les vus desevred.10

A conventional analysis shows that the *laisse* divides into three sections: an introduction (ll. 1989-93), which describes a static situation in the present tense; a central portion (ll. 1994-2009), which presents specific actions and thoughts of the main characters; and a concluding line (l. 2009), which again describes a static situation. Within that framework, the central section also divides into three parts: the blow against Roland (ll. 1994-98) is action without dialogue and balances the end of the middle section (l. 2008), where the two friends bow to each other in silence. The central dialogue is likewise divided into three parts: Roland speaks, then Oliver, and then Roland again. It is a classic "ring structure,"11 in which the various sections are nested within each other:

   ll. 1989-93 -- static description

      ll. 1994-98 -- narrative action

         ll. 1999-2002 -- direct discourse: Roland

            ll. 2003-05 -- direct discourse: Oliver

         ll. 2006-07 -- direct discourse: Roland

      l. 2008 -- narrative action

   l. 2009 -- static description

At a subconscious level within the listener's mind, the *laisse* forms a coherent whole in its interplay and balance between the binary oppositions mimesis and diegesis, and, within the latter, between static and active situations.

This ordering contributes to the dominant impression evoked by the *laisse*: harmony, or the resolution of differences, but that emotion is also evoked by the interplay of other binary oppositions. A list of all the oppositions within this *laisse* would be almost endless: they are inherent in all natural language. Many of them have little or no literary function,[12] but other oppositions do play definite roles. In l. 1999, one notes how the poet reveals his own thoughts in his choice of adverbs, in contrast with the objectivity of the rest of the *laisse*. One also notes in this passage the contrasts between blindness and sight, sight and sound, death and life, appearance and reality, and so forth. The listener's mind, then, either consciously or subconsciously must follow the interplay between these various elements.

For example, if we plot the last two sets of oppositions mentioned above along the two dimensions of a graph, we obtain the following diagram:

	Life	Death
Reality	3	4
Appearance	1	2

In this diagram I have numbered, for simplicity, each of the four possible positions.

One general tendency in narrative is to pass from appearance to reality ("So that's who the murderer is!") and from life to death ("The End"). At the start of *laisse* CXLIX, Roland is located in position 2: he appears to be dead, in a faint. Oliver is in position 1: although mortally wounded, he fights on as though full of life. Roland then wakes from his faint and is alive: he moves to position 3. In the following *laisse*, Oliver dies, moving to position 4, to which position Roland will move by l. 2396 of the poem.

If we take this same schema and add a third element, the contrast between violence and non-violence, we require a three-dimensional diagram:

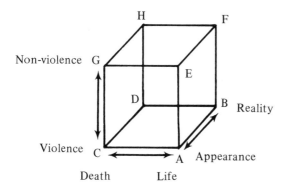

A summary of the characteristics inherent in each position in that diagram is given in the following table:

	A	B	C	D	E	F	G	H
Appearance	*		*		*		*	
Reality		*		*		*		*
Life	*	*			*	*		
Death			*	*			*	*
Violence	*	*	*	*				
Non-violence					*	*	*	*

The diagram is easier to comprehend, but the table allows for expansion into more than three dimensions.

In addition to passing from appearance to reality and from life to death, narrative tends also to pass from instability to stability. In the *Roland*, those characteristics are represented by the contrast between violence and non-violence. In *laisse* CXLIX, Roland passes from death to life, from appearance to reality, always at the level of non-violence, that is, from position G to F. Later, after Oliver's death in the following *laisse*, Roland continues the fight, thereby moving to position B. During his own death scene he moves back to the harmony of position F and then finally to position H, his ultimate goal. The positions taken by Oliver in this *laisse* and the next prefigure Roland's path. Although Oliver starts from position A, he soon moves to position F and then to position H, to death.

This schema is but a simplification of a complex process within the listener's mind. I do not wish to suggest that either the poet or his audience is conscious of any checkerboard pattern in which characters jump from one square to another, any more than I would suggest that speakers of a language are conscious of the distinctive features (i.e., binary oppositions) in the phonemes that they manipulate.[13] What I would suggest is that the method of analysis described here is a useful tool in our attempt to understand what is actually happening when the human mind responds to literature. The three binary oppositions which react with each other in the above example serve as a model for thousands of other interactions which make up the internal mapping of this *laisse* as it is perceived by the mind.

The schema shows how, at a primarily subconscious level, the mind perceives several binary oppositions. If the artist has been successful, and if he has produced a work of art, his audience will have resolved to its satisfaction all or almost all of these oppositions. This, then, is the essence of literature.

NOTES

1. Stephen G. Nichols, review of Eugene Vance, "Roland et la poétique de la mémoire," *Olifant*, 3 (1975), 125.

2. Some may prefer to consider these but two entities: space/time and matter/energy.

3. "We may pass quickly over such popular medieval devices as the various 'squares of opposition' (for showing certain relations of immediate inference from one class proposition to another) as well as the 'pons asinorum' of Petrus Tartaretus." Martin Gardner, *Logic Machines and Diagrams* (New York: McGraw Hill, 1958), p. 29.

4. Paul Zumthor, *Essai de poétique médiévale* (Paris: Seuil, 1972), pp. 325-26.

5. Guy Mermier, "More about Unity in the *Song of Roland*," *Olifant*, 2 (1974), 91-108.

6. P. Van Nuffel, "Problèmes de sémiotique interprétative: l'épopée," *Les Lettres Romanes*, 29 (1973), 150-72; Larry S. Crist, "Deep Structures in the Chansons de geste: Hypotheses for a Taxonomy," *Olifant*, 3 (1975), 3-35. I have also used a variation of it in a paper on "Les Structures de *Mainet*," in *Charlemagne et l'épopée romane: Actes du VIIe Congrès International de la Société Rencesvals* (Paris: Les Belles Lettres, 1978), II, 405-14.

7. The variation on this square I used for describing aspects of the Charlemagne legend placed birth and death in the upper corners of a square and *fortitudo* and *sapi-*

entia in the lower corners. This again is nothing more than a fusion of yet more basic concepts: the left/right opposition shows the contrast between youth and old age; the upper/lower opposition indicates an opposition between change (birth, death) versus stability (i.e., human qualities which express no specific action).

8. Cf. Erwin Panofsky, *Gothic Architecture and Scholasticism* (Cleveland and New York: World, 1957), pp. 45 ff.

9. Claude Lévi-Strauss, *Anthropologie structurale* (Paris: Plon, 1958), pp. 236 ff.

10. Gérard Moignet, ed. *La Chanson de Roland* (Paris: Bordas, 1969).

11. See John D. Niles, "Ring-Composition in *La Chanson de Roland* and *La Chançun de Willame*," *Olifant*, 1 (1973), 4-12.

12. L. 1992 contrasts "far" and "near," but only in a formula which emphasizes the totality of Oliver's blindness. Ll. 2004 and 2007 evoke God, but the contrast between man and his Maker is attenuated here, as the heroes perform superhuman feats and as they are so close to God. L. 1989 evokes a human/animal opposition, but it is not sustained elsewhere in the *laisse*.

13. Victoria Fromkin and Robert Rodman, *An Introduction to Language* (New York: Holt, Rinehart, & Winston, 1974).

Paul Zumthor

Les Narrativités latentes dans le discours lyrique médiéval

Les réflexions que je vais vous proposer brièvement ont, dans mon intention et en dépit d'un style affirmatif, une valeur interrogative.

Ce sont des questions que je me pose—et rien ne m'autorise encore à déclarer que je possède la réponse. Ces questions sont néanmoins de telle nature qu'il me paraît nécessaire de les formuler en termes relatifs à des textes particuliers sur lesquels la recherche puisse avoir une prise directe.

Ces textes, je les emprunte au corpus que je connais le mieux: celui du moyen âge français.

A un niveau suffisant d'abstraction, et de façon sommaire, l'ensemble des questions ainsi ouvertes est subsumé par la suivante: l'opposition récit *vs* non-récit est-elle pertinente dans l'analyse des textes dits littéraires?

S'interroger sur ce point signifie d'emblée que l'on penche à répondre négativement. Si je le fais pourtant sous cette forme, c'est que cette opposition m'a servi de critère de classification dans mon *Essai de poétique médiévale*[1] —critère que désormais je préfère écarter. Il procédait en effet chez moi, vers 1970, d'une extrapolation abusive de l'autre opposition formulée (dans

une perspective purement linguistique-fonctionnelle, sinon gram-
maticale) par Benveniste entre histoire et discours[2] –opposition
que dépassent du reste les théories actuelles du texte, comme le
suggère Christian Metz,[3] dans la mesure même où elles intègrent
des paramètres psychanalytiques.

Laissons de côté le problème linguistique: la nature des
énoncés comme tels. Je me borne à admettre une hypothèse de
départ, que rien jusqu'ici ne me semble infirmer... et que confir-
meraient en revanche les travaux de l'école greimasienne: toute
parole dite *littéraire* (ou *poétique*) est fondamentalement récit.

Il reste que des nuances doivent être apportées à cette assertion. Tout se passe en effet comme si le facteur-narration, quoique toujours manifesté, comportait des degrés divers (en nombre
imprévisible) d'explicitation. A la limite, ce facteur demeurerait
totalement implicite: mais il est difficile en fait de repérer un tel
cas. Sans doute touchons-nous en cela à un caractère définitoire
du "fait littéraire" (ou du "fait poétique"), par ailleurs malaisé à circonscrire: sa relation originelle (au sens où la théologie
parle de "péché originel") avec le mythe.

C'est évidemment d'exemples où l'explicitation narrative est
faible que l'on tirera le plus d'enseignements à ce propos: je
parlerai de "textes à narrativité latente." J'entends par là des
textes où le facteur-narration, sous-jacent à l'énoncé, n'apparaît
que sporadiquement ou de manière indirecte au niveau de la
manifestation.

Théoriquement, ce récit latent peut être fondé dans l'imagi-
naire individuel, ou relever de quelque schème collectif, propre
à telle ou telle communauté. Le premier cas se présente sans
doute de façon prédominante chez les modernes (pensons à Bau-
delaire ou à Eluard...); le second, dans la société essentiellement
traditionnelle du moyen âge. Mais probablement l'un ne va-t-il
jamais tout à fait sans l'autre: l'individu ne s'extrait pas plus de
son univers culturel que celui-ci ne le détermine parfaitement.

Quel qu'il soit, le récit latent (même réduit à un petit nombre
d'éléments peu différenciés) relève de l'ordre des structures que
j'appellerais ici "profondes" (celles même que, dans un contexte
tout autre, un Greimasien nommerait superficielles): il se définit

en termes d'actants, de fonctions et de parcours. Le rôle qu'il joue dans le texte manifesté est capital: il organise virtuellement ce qui est dit (ou écrit), et dont chaque terme, en principe, à tout instant y réfère. Il en résulte que le sens immédiatement perçu à la lecture (en surface) reste de nature connotative, alors que la dénotation opère par le biais de cette référence.

J'ai signalé (en particulier dans mon *Langue, texte, énigme*)[4] qu'ainsi se fonde la cohérence profonde et générique de la chanson de trouvère. Ce type d'énoncé en effet présente presque toujours un trait superficiel frappant: l'absence de progression dans la successivité des phrases et des strophes, l'absence d'"ordre." Une analyse plus attentive permet néanmoins de récupérer, dans le sous-œuvre, une ordonnance telle que la plupart des propositions manifestées réfère à un schème narratif typique et continu, comportant situation initiale, transformation(s), épreuve(s) et résolution, ainsi que des actants typés. Les références qui y sont faites, de façon ponctuelle, se succèdent en série apparemment aléatoire (plutôt: organisée en vertu d'une intention différente, purement harmonique): l'ordre n'en existe pas moins dans ce récit latent, certes ténu mais uniforme et qui, relevant de la Tradition, assure l'unité discursive du genre.

Je ne reviendrai pas ici sur ces faits, mais proposerai un autre champ d'observation, chez les Grands Rhétoriqueurs d'environ 1500, auxquels j'ai consacré un livre entier (*Le Masque et la lumière*).[5]

La "situation textuelle" (si je puis m'exprimer ainsi) est à la fin du quinzième siècle sensiblement plus complexe qu'elle ne le fut au douzième... du moins elle nous apparaît telle, du seul fait que la documentation dont nous disposons est plus abondante.

Une mise en perspective s'impose donc, avant d'aborder les textes eux-mêmes. Ces derniers ne sont autres que l'ensemble considérable des poèmes à finalité panégyrique que (sous des prétextes et des revêtements divers) constituent l'essentiel de l'œuvre des Rhétoriqueurs.

La position sociale et littéraire du Rhétoriqueur se définit en ce qu'il est, à un titre ou un autre, fonctionnaire de la Cour d'un Prince, salarié ou prébendé en tant que tel. Or, la Cour princière, dans la civilisation du quinzième siècle, constitue un lieu unique et central où s'emblématise la Cité Humaine en sa totalité utopique.

En ces lieux, l'être s'identifie au paraître; l'avoir, au don. Mais toute manifestation est dramatique, en ce qu'elle est action codée, narration "montrée" conformément à des structures actantielles et fonctionnelles prédéterminées. L'être se définit par ses devises, ses signaux héraldiques, l'emblématisme des apparences. La richesse se diffuse en dépense; la jouissance en réjouissance et celle-ci agit, sous la forme du cérémonial et des "vœux." Le cérémonial à son tour est l'avatar mythifié de l'ancienne chevalerie: l'existence curiale se réalise dans les formules qui la prononcent en la parabolisant; ce qui, dans la tradition chevaleresque des siècles antérieurs, était tension, contention, idéologie agressive, subsiste comme *mimésis* d'un récit archétypique... analogiquement, de la manière dont subsiste la passion christique dans le mystère. Le rôle qu'a fonction de tenir le poète sur la scène curiale, c'est, par délégation, celui du prince même: délégation à tout instant révocable mais qui, tant qu'elle perdure, le revêt d'un costume d'apparat par dessous lequel nul ne s'informe de son corps. Costume de langage, taillé dans le tissu protocolaire que produisent d'anciennes traditions féodales, exténuées. A la fois chant et discours, rêve et démonstration, l'art verbal met en perspective le Grand Jeu: célébration et intimisme, engendrant, à la surface des relations réelles, la figure d'autres relations, homologues certes à celles-ci, mais sans temps ni lieu.

Tenir ce rôle exige un double don, que possèdent au plus haut degré nos rhétoriqueurs: une foi totale dans le pouvoir de la parole, dans la sagesse qu'implique l'éloquence; mais aussi une confiance illimitée dans la vertu significatrice de l'histoire.

Il ne s'agit en cela de "représentation" qu'au sens théâtral du mot—une action mise en scène—non à celui de figuration reproductrice. Ce discours "circonstanciel," même lourdement chargé d'amplifications descriptives, reste dans son élan premier un discours de persuasion plus que d'aveu, réitérant sans fin que l'objet dont il parle a trouvé, dans le *je* qui le prononce, un acteur adéquat. Mais cet objet n'est qu'une latence, une virtualité narrative, jamais entièrement réalisée: la parole poétique est intercession entre un ordre éphémère qu'elle tait, et un ordre éternel qu'elle évoque sans le désigner.

Le fait cité ne constitue point une donnée: il est état de chose, lieu complexe d'affirmation, d'interrogation, de dénégation surimposées; les mots qui le disent, en s'intégrant au discours, y perdent partiellement leur statut de signe, ne sont plus que les particules d'une parole dont la seule signification est globale. Signification panégyrique, en vertu de la convention qui fonde l'univers de la cour; la "circonstance" la provoque, elle n'en fournit pas le thème. Double projet, selon lequel ce qui est dit prend consistence dans le miroir de ce qui ne l'est pas.

Le hors-texte se propose au poète comme une surface aux chatoiements fugitifs, dont seuls sont dicibles les rares traits constants; comme un réservoir d'indices, dont le langage a pour fonction d'extraire un petit nombre d'éléments, où il lit les traces d'une vérité dégagée des vicissitudes temporelles et spatiales. L'historiographie même, qui par vocation recherche avec un soin particulier, dans l'événement vécu, de telles potentialités signifiantes, constitue une pratique morale; le récit qu'elle expose renvoie à une échelle de valeurs éthiques qui lui reste extérieure et que le fait manifeste par le seul moyen de sa glose.

Le discours extrait ainsi de l'événement un sens, lequel appartient à un ordre autre. Ce qui, hors-texte, est historique, se trouve promu par la parole sur un plan que l'on dira, en donnant à ce terme son acception ancienne, politique. Le souvenir des faits, quelle qu'en ait été la perception première, est informé—cadré, mis en œuvre, poétiquement formalisé—en vertu d'une idéologie dont nous verrons par la suite comment elle inscrit expressément des marques dans le texte. Peu importent ici ses manifestations tonales: courtisane, partisane, polémique. J'entends par idéologie (il n'est pas inutile de le préciser) un ensemble de schèmes intellectuels et discursifs remplissant une fonction sociale de légitimation de l'ordre, procès récurrent de création de valeurs, impliquant certitude quant à des relations historiques dont ni l'origine n'est mise en question, ni la fluidité, dénoncée; une fossilisation sous des termes tels que "nature," assurant et rassurant la conscience collective au prix d'une rationalisation du réel assortie d'une topique de consolation qui voile les contradictions vécues.

C'est ainsi que la poésie des Grands Rhétoriqueurs est foncièrement politique: les autres discours qu'il lui arrive de tenir (religieux ou érotique) sont, par ce dessein général et formalisateur, embrassés, supportés, valorisés.

Le discours panégyrique en effet définit, en s'y circonscrivant, l'"horizon d'attente" du public que constituent la Cour, et la Cité représentée par celle-ci. Cet horizon implique une norme permettant, au-delà de la négativité propre au texte, l'identification qui l'insère dans la continuité de l'histoire.[6] En ce sens, et au niveau le plus général, le texte se pose à la fois comme objet et comme action. Cependant, la société européenne de la fin du quinzième siècle, nous l'avons vu, dans son état conflictuel, tient encore, par bien des traits, à un type de culture "paradigmatique," dont l'idéal est un recours incessant à ses propres structures, une fidélité à ses archétypes; mais déjà s'y manifeste, avec violence, un autre type de culture, voué au changement, sinon à la fuite en avant que sera un jour le "progrès." D'où les chocs, et les premiers ébranlements en profondeur, dont le discours politique a pour fonction de tenter la neutralisation ou le maquillage. Il en résulte une atténuation, sinon une résorption, de la fonction pragmatique du texte: son action, parce que d'abord théâtrale, ne se confond point avec l'action "efficace"; le texte, voulu art, a sa "réserve," quelque part, dans ce qui "n'est pas tout à fait le monde"; s'il agit, c'est de manière "réservée, inagissante."[7] Le discours qu'il tient se décrit, dans sa spécificité, moins en termes de communication que de contraintes "hégémoniques" sur le langage. Dans sa manifestation, l'inscription idéologique traduit, certes, l'impact d'une conjoncture (entendue comme l'unité de contradictions perçues à un moment donné); mais le brouillage rhétorique étouffe autant qu'il est possible son effet: le revêtement figuratif comporte le plus souvent un élément hyperbolique de louange personnelle (du prince, ou de son substitut), élément qui parfois en recouvre la surface entière, et en dissimule sous l'éclat de cette lumière artificielle les "structures profondes."[8]

Celles-ci, à leur tour, présentent, à un degré d'abstraction suffisant, une telle stabilité que l'on pourrait les considérer comme un modèle narratif latent et statique. Le dynamisme textuel dès lors n'a d'espace où se déployer que dans la désignation des actants, et, surtout, dans les faibles provenant de la complexité de ce modèle. Celui-ci, en effet, est double, et les deux ensembles conceptuels qui le constituent s'articulent malaisément.

D'une part, un modèle général oppose deux séries de termes interchangeables destinés à rendre compte de la relation entre le prince et son peuple:

$$\left.\begin{array}{l}\text{paix}\\\\\text{justice}\end{array}\right\} \quad versus \quad \left\{\begin{array}{l}\text{guerre}\\\\\text{tyrannie}\end{array}\right.$$

Une progression narrative conduit le discours de l'un à l'autre de ces termes selon un parcours circulaire comportant quatre modalités:

Modalités "historiques":
1. justice - tyrannie - guerre - paix (- justice): soit, du bien au mal, et à la restauration du bien;
2. tyrannie - guerre - paix - justice: du mal au bien; c'est le parcours sous-jacent à la *Ressource du petit peuple*;

Modalités "prophétiques":
3. guerre - paix - justice - tyrannie, ce dernier terme comme vision négative d'un futur d'où il sera exclu;
4. paix - justice, termes d'un passé projeté sur l'avenir (promesse de restauration) *versus* tyrannie - guerre, termes du présent.

Quand l'énoncé se limite à proposer les termes d'une seule série, voire un seul d'entre eux, son caractère narratif s'estompe, au profit d'une description.

Dans les termes de la première série (paix, justice) s'investit la valeur d'identification; dans la seconde, celle d'aliénation; ou, plus généralement, "bien" d'un côté, "mal" de l'autre. L'ensemble a pour sujet et objet, respectivement, soit le prince soit le peuple; du moins le premier remplit-il toujours une fonction active; le second, passive. Au prince peuvent être adjoints ses suppôts (Grands, riches, gens d'armes); le peuple peut être assimilé qualitativement aux "pauvres" ou représenté, en façon de synecdoque, par l'un de ses "états," paysans ou marchands, campagnards ou bourgeois des villes.

D'autre part, un modèle particulier s'applique au seul terme *guerre*, que la Cour ne pouvait connoter univoquement comme aliénation et mal. D'où trois nouvelles séries de termes opposi-tifs, explicitant la cause instrumentale, la qualité et la consé-quence de l'action guerrière:

faite par Nous *versus* par Eux

est juste *versus* injuste

procure gloire *versus* honte

Prince et peuple sont unis dans le même *nous*.

La coexistence et les combinaisons de ces ensembles entraî-nent dans le système quelque déséquilibre, dû à l'intervention de l'idée de gloire, sur laquelle je reviendrai. Tout discours poli-tique opère d'infinies variations sur ce schème, y incorpore, de façon amplificatoire, divers lieux-communs, descriptions, et digressions. Au niveau syntaxique, l'investissement des valeurs s'opère, sauf exception, par le moyen de l'allégorie: je consacre-rai un chapitre ultérieur à celle-ci. Enfin, la narration s'énonce souvent à la première personne: à tout le moins, l'"acteur" (l'auteur) intervient, et dit *je*. D'où une tension entre ce *je*, le propos qu'il tient, ce dont il ne parle point, et ce qui n'est pas lui: affrontement de termes au sein du rapport analogique ainsi posé entre les moyens et les fins du pouvoir politique, et ceux du poète.

En termes greimasiens,[9] on distinguerait, dans cette narration (virtuelle ou actualisée), sur l'axe de la communication (le sa-voir), deux actants: l'ordonnateur du destin, qui est le poète en tant que délégué de la Cour, et l'objet du destin, cette Cour même, représentée par le Prince; sur l'axe du désir, deux autres actants, le prince et sa Vertu; sur l'axe enfin de la participation, deux encore, la paix (la justice, nous), et la guerre injuste (la tyrannie, eux).

Mais encore, un tel discours serait utopique s'il ne se rappor-tait à un lieu, réel quoique mythifié, la Cour encore: ce lieu même dont l'Abbaye de Thélème, en 1534, figurera l'envers irréalisé; et Villagaignon, vingt ans plus tard, l'antitype sur son îlot brésilien.... Le premier élan se marque alors, d'un mouvement qui traversera les seizième et dix-septième siècles, inscrivant dans leur histoire et leur espace politique une cité idéale et sans lieu. Les rhétoriqueurs ne résistent point à cet emportement; mais la nécessité panégyrique chez eux dévie l'élan, sa visée ne s'écarte pas du palais dont on vit; le mouvement se rétracte en appel à quelque *renovatio mentis* comme en rêvèrent les réformateurs médiévaux.[10]

Ce modèle latent transparaît sans trop de surcharges dans le *Débat de l'aigle, du harenc et du lyon* de Molinet, opposant, en 1467, trois "rois," le duc Philippe de Bourgogne, l'empereur Frédéric III et Louis XI, figures de bons princes auxquels des circonstances différentes prêtent accidentellement des traits divers. Philippe règne en paix et en justice:

Le lyon suis, tous aultres peu doubtans;	(*Identification*)
Des bestes roy, je maine le doulx temps;	(*Nous*)
Per des vertus, couronné des plus belles,	(*Bien* et *Gloire*)
Fleur de noblesse, en tous temps flourissans,	
Odeur de paix de rice fleur yssans,	(*Paix*)
Doulx aux benins et cruel aux rebelles.[11]	(*Justice*)

Ce sont les termes mêmes qu'en 1509 encore Jean Marot mettra sur les lèvres de Paix prononçant, dans le *Voyage de Venise*, l'éloge de Louis XII:

> Je voy un roy triumphant, magnificque,
> Plain de vertu, hardy, laborieux,
> Cueur magnanime et bras victorieux,
> Et est celuy qu'on peult nommer sans vice
> Amy de paix, zélateur de justice,
> Hayant débatz, inventeur de concorde,
> Chef belliqueux plain de miséricorde . . . .[12]

Dans le *Débat* de Molinet, Frédéric, injustement vaincu, doit évoquer au passé sa grandeur:

Aigle roial, imperateur terrestre,	
Le non pareil qui puist sur la terre estre	(*Gloire*)
Deifiés, honnorés et servis,	(*Identification*)
Je soloie estre a dextre et a senestre,	(*Justice*)
Chascun oiseau surmontant en son estre,	
Mais a present com maleureux serf vis.[13]	(*Négativisation des valeurs*)

Sa situation actuelle se définit donc par un cumul de contradictions:

> Mon bien n'est riens car ma ricesse cesse,
> Mon bruit me nuyt, car ma noblesse blesse,
> Mon plait desplait, car ma laidure dure,
> Mon corps est mors, car ma vielesse lesse,
> Mon fait est fait, car ma destresse dresse,
> La mort qui mort est mon ardure dure.[14]

Contradictions que seule permet de dépasser narrativement une invective contre la guerre et ses propagateurs,

> Vers venimeux, venin mortel fardans,
> Confits en raige et chascun refardans,
> Leups affamés, mauldis chiens enragiés
> Serpens sifflans comme dragons dardans, . . .[15]

Cependant Louis XI, vainqueur de ses ennemis, vante, par delà une violence nécessaire, le rétablissement de l'idylle qui est la figure du bien:

> Le harens suis, portant la fleur de lis,
> Roy des poissons, ne crains gros ne delis,   (*Identification*)
> Beste n'oiseau sauvaige ne campestre;   (*Gloire* et *Justice*)
> Le fier luppart que prenoit ses delis
> En mon vergier, doulx que plume de lis,   (*Paix*)
> Ay enchassé bien loing de mon champ pestre.[16]   (*Guerre juste*)

Le *luppart* (léopard) en question emblématise sans doute les féodaux révoltés de la ligue dite du Bien Public. Dans les manifestes et déclarations auxquels celle-ci donna lieu s'était esquissé un discours de propagande fondé sur plusieurs des éléments de mon modèle. Un accent spécial y était mis sur les motifs concernant le "povre et menu" peuple des campagnes, objet typé de la tyrannie. Ces motifs réapparaissent, pour fonder l'éloge ou le blâme, dans les "25 ballades sur 25 princes" que composa Meschinot vers la même époque:

> Si le seigneur se treuve magnanime
> Et n'est souillé d'injustice ne crime,
> Bien sont heureux tous ceulx qui soubz luy vivent,
>
> .   .   .   .

> C'est une paix, une union courtoyse,
> C'est ung repos qui les maintient en aise,
> C'est le pays ou l'amour Dieu habite.[17]

Mais,

> Puis que le chef qui deust garder droicture
> Fait aux povres souffrir angoesse dure
> Et contre luy former lermes et plaintes.
> . . . .
> Las! Ils n'ont plus en pippes ne bouteilles
> Cytre ne vin pour boyre soubz leurs treilles,
> Et bref je voy que tout meschef leur sourt.[18]

D'où, sous une autre forme, la contradiction et les ruptures du tissu discursif:

> Sire . . . –Que veulx? –Entendez . . . –Quoy? –Mon cas.
> –Or dy! –Je suys . . . –Qui? –La destruicte France.
> –Par qui? –Par vous. –Comment? –En tous estas.[19]

Ici, rien n'est dépassé; la narration (virtuelle) se clôt par le refus de ses propres consécutions:

> –N'est-il vroy? –Non. –Quoy donc? –Roys sont tenus . . .
> –A quel devoir? –Nourrir paisiblement . . .
> –Qui? –Leurs subgitz. –S'ainsi n'est? –Voysent jus!
> –Parle plus beau! –Je ne puis bonnement.[20]

En 1492, les Anglais débarquent à Calais à la demande de seigneurs bretons révoltés: Octavien de Saint-Gelays, alors attaché à la cour de Charles VIII, adresse à celui-ci un poème exaltant la juste guerre qu'il convient d'entreprendre:

Nous voyons prés et souffrons en nos parcs	(*Justice* bannie)
Loups et liépards, reproche inestimable;	
Nostre heur fuyons, laissons en toutes pars,	(*Paix* bannie)
Comme couars ou gens dépourvus d'ars,	(*Gloire* bannie)
Pour tels soudards, dont moult suis lamentable:	(*Injustice*)
Nous tenons table, et réputons à fable	(*Honte*)
Non véritable le rapport qu'on en fait,	
Mais cependant nostre peuple est deffait.	(*Souffrance du peuple*)
Sus, gens de cueur à l'enseigne courez	(*Gloire revendiquée*)
Et recouvrez vostre propre domaine.[21]	(*Guerre juste*)

La chronique nous apprend que le roi préféra payer de 745.000 écus d'or le retrait des envahisseurs. Le discours des poètes ne disposait pas des structures qui lui auraient permis de "représenter" un tel acte, d'en fournir une image figurale: il ne pouvait, quelque rhétoriqueur l'eût-il voulu, qu'embrayer sur le motif du retour de la paix; le modèle ne comportait aucun actant à caractère économique. L'implication idéologique est évidente, marquée par ce manque.

Les termes simples du modèle, à travers les transformations qui les affectent dans la performance, se chargent de motifs adventices, fonctionnant dans la narration, soit comme amplifications exemplaires, soit comme figuration d'adjuvants ou d'opposants qui favorisent ou contrarient le triomphe final du Bien. Cette fonction narrative exige, dans le second cas, l'hyperbole; dans le premier, la multiplication des "lieux" rhétoriques démonstratifs: non seulement, en effet, ils prouvent la validité du discours, mais ils assurent la concrétisation de l'énoncé. Ils comblent, par artifice, l'écart entre les termes rigides et abstraits proposés par le modèle, et la diversité du concret: espace vide, qu'ils remplissent d'une énergie verbale provenant de leur redondance même. Il est commode de classer ces motifs en deux groupes, euphoriques et dysphoriques, selon l'ordre des valeurs qui s'y investissent. Je me borne à fournir quelques exemples.

Motifs dysphoriques

Certains d'entre eux sont empruntés à une tradition littéraire remontant au milieu du quatorzième siècle, et attestée par des ouvrages comme le *Compendium morale de republica* de Raoul de Presles[22] ou le *De casibus virorum illustrium* de Boccace, adapté en français en 1409 par Laurent de Premierfait.[23] Peu m'importent ici ces antécédents.

Figuration du Mal: identification de la guerre avec Mars, décrit sous les traits d'une idole monstrueuse; ainsi, plusieurs fois chez Molinet; ou dans les *Folles entreprises* de Gringore (1505).

Cause matérielle de toutes les formes du mal affectant les princes et les empires: l'instabilité de Fortune; ainsi, Saint-Gelays, dans le *Séjour d'honneur* (1490-1494); Cretin, dans sa *Complainte sur la mort de Guillaume de Bissipat* (1511).

Cause morale: l'action satanique, en vertu de laquelle la ruine des états est imputable aux crimes qui s'y commettent; la considération de l'Histoire révèle, dans cette *translatio imperii*, l'effet d'un châtiment providentiel. Ainsi, dans la *Louenge des roys de France* d'André de la Vigne; dans telle ballade de Baude sur le "mauvais gouvernement de la cour," ou dans la *Déploration de l'église* de Bouchet (1510).

Réduction "théologique" des deux motifs précédents: c'est Dieu qui fait et défait les empires.

Cause prochaine: la dégénérescence de l'idéal chevaleresque, le bannissement d'Honneur; ainsi dans les *Folles entreprises* de Gringore, dans le *Panégyrique du Chevalier sans reproche* de Bouchet (texte en prose, de 1527), dans l'*Erreur pusillanime* de Cretin, invective vengeresse de la *Journée des Eperons*, en 1513.

Conséquence à long terme: le temps est une force de mort, dépourvue de tout élément purificateur; l'Antiquité n'est aujourd'hui qu'un cimetière; si le redressement tarde, bientôt les ruines mêmes auront disparu; ainsi, dans le *Voyage de Venise* de Jean Marot (1509).

Motifs euphoriques

Ils contrastent globalement avec les précédents; mais ils ne constituent, avec certains d'entre eux, que par exception des oppositions binaires.

Triomphe individuel sur la mort: la gloire acquise par l'individu, fruit de ses vertus, survit à sa puissance matérielle et à son anéantissement. La cause majeure de cette éternisation dans la mémoire des hommes est la pratique de la magnanimité: générosité, courage, splendeur du geste, désintérêt pour toute médiocrité, les vertus même du comte de Ligny telles que les exalte Lemaire en 1504 dans la *Plainte du Désiré*... et qu'il les parodie, l'année suivante, dans les *Epîtres de l'Amant vert*, panégyrique du perroquet de Marguerite d'Autriche, malencontreusement étranglé par un chien. Ainsi encore dans l'*Apparition du Mareschal Sans Reproche* de Cretin (1525).

Eternité spirituelle des empires: motif qui n'apparaît en français qu'après 1500, d'abord chez Lemaire, quoiqu'on le rencontre en latin depuis le début du quinzième siècle. Les œuvres de l'esprit survivent à la ruine de l'état, et projettent sur l'avenir leur splendeur. Celle-ci se transmet, comme un courant énergétique, du passé au présent et aux siècles futurs, de sorte que la gloire d'un peuple ancien peut à tout instant se réincarner dans le peuple moderne, son héritier. Cette forme généralisée et dynamique de l'ancien topique de la *translatio studii* est, à son tour, à l'origine du "gloire éternelle de nos aïeux," bien connu de nos grands-pères.

Souvent, ces deux motifs généraux sont spécifiés par restriction: la source de la gloire s'identifie avec la bravoure; *vertu* se résorbe dans ses connotations guerrières. Ainsi, dans le *Throsne d'Honneur* de Molinet (1467). Mais ici intervient une distinction analogue à celle qui oppose guerre juste à injuste. La vraie gloire en effet ne peut se confondre qu'apparemment avec la "fausse," et le discours du poète a pour fonction d'écarter cette apparence mensongère. La fausse gloire procède d'orgueil; la vraie, de dévotion à justice. La seconde s'incarne éminemment dans le prince qu'on loue; la fausse, dans ses ennemis, ou dans les personnages moindres de la Cour, à moins qu'elle ne soit l'objet d'une réprobation qui, sans s'appliquer à aucun nom, suggère la fragilité des valeurs chevaleresques. De toute manière, la vraie gloire s'en trouve grandie. Lemaire, dans les *Chansons de Namur* (1507) adressées à Maximilien et à Marguerite, vante ainsi avec humour le courage chevaleresque dont témoignèrent contre les Français les paysans du Hainaut, alors même que les nobles hésitaient à combattre:

> Doncq se ainsi est que armigere noblesse
> N'ayt ja daigné avoir les mains polues
> De ton vil sang qui plus que venin blesse, . . . [24]

De même, dans le *Débat des François contre le sire Lubovic* de Gringore (1499), ou dans l'*Epistre envoyée par feu Henry roi d'Angleterre, à son fils*, de Bouchet (1512).

Au début du seizième siècle, Lemaire et Cretin introduisent, peut-être à l'imitation des poètes latins leurs contemporains, une variante de ce motif, intégrant à leur discours un éloge implicite de celui-ci: la gloire propre du poète, produite par l'écriture même. Ainsi, dans la *Plainte du Désiré* de Lemaire.

A la même époque, l'euphorie du discours se manifeste par l'emphase particulière marquant l'opposition Nous/Eux: ce qu'on a, peut-être abusivement, nommé le "patriotisme" des rhétoriqueurs.[25] Ainsi, avec virulence, dans le *Voyage de Venise* de Marot et l'*Entreprise de Venise* de Gringore, tous deux de 1509. P. Jodogne a montré combien pèse sur l'œuvre de Lemaire le contexte des réactions nationalistes françaises aux conflits italiens sous Louis XII. De là ces longs ouvrages exaltant la dynastie, les *Illustrations de Gaule* de Lemaire (1509-1513), les *Anciennes et modernes généalogies des roys de France* de Bouchet (1527). Le motif des heurs et malheurs du petit peuple trouve peut-être ici la source d'une resémantisation.

> Telz estes vous, o peuple reluisant,
> Peuple de Gaule aussi blanc comme let,
> Gent tant courtoise, et tant propre et duisant;
> François faictiz, francs, forts, fermes au fait,
> Fins, frecz, de fer, feroces sans frayeur . . . .[26]

Ainsi parle Lemaire dans la *Concorde des deux langages* (1511), qui, en dépit de son titre, proclame la supériorité du français sur l'italien.[27] Ce "patriotisme," en effet, se pense en termes de supériorité spirituelle plus encore que guerrière, et culmine en une exaltation de la langue maternelle.

Tout texte clos est fiction. Et la fiction entretient avec le "réel" un rapport qui n'est point d'existence, plutôt, d'une manière indirecte, de communication. Loin de refléter spéculairement le contexte, le texte s'engrène sur les systèmes signifiants divers qui le constituent; son propre système réagit à ceux-ci selon des lois qui ne sont plus les leurs: actualisant ce qu'ils excluent, renient, adombrent, ou bien au contraire ponçant ces menaces, colmatant ces brèches, comblant ces lacunes.

Le contexte social, nul ne le nie, s'investit dans la fabrication de l'objet "littéraire." La question est plutôt: dans quelle mesure le social ainsi littérarisé perd-il son poids propre? Le texte ne le "reproduit" pas; il le re-produit, activement. Chaque discours trouve son propos dans ce qui est: il informe un contenu préalable, qu'il soumet à sa syntaxe. Pourtant se dessine une hétérogénéité, due au déplacement que comporte le transfert du hors-texte au langage, thématisant une subjectivité. Rien dans le texte tel que nous le lisons n'autorise un passage direct de l'un à l'autre niveau. D'où, idéologiquement, un probable dérapage. L'idéologie en effet ne se confond pas avec le social; elle en est le produit ultime, au sein des groupes qui le vivent: ressortissant, quant à sa constitution première, à l'ordre du désir, elle se voit modelée, à partir de situations concrètes, par le politique qui en réduit, jusqu'à l'effacer presque dans le discours commun, la marque individuelle. Mais le désir, à travers le discours poétique, ressurgit plus vigoureusement, façonne le signifiant, le peuple de ses fantasmes. Cette pratique signifiante tend à s'opposer ainsi radicalement à l'Institution dans le moment même où celle-ci fait preuve de la force la plus opprimante: elle éclate, selon les rites propres de son langage, en pulsions, en instants de jouissance qui, s'infiltrant dans ce dire, y introduisent une étrangeté "inquiétante."

La fonction remplie par le rhétoriqueur à la cour est ainsi, à la fois, officielle et close, d'une part; cachée, mais ouverte, de l'autre. Close dans la relation qui unit au prince le poète; ouverte, dans le texte qu'engendre cette relation. On pourrait opposer, selon le point de vue, fonction sociale et fonction poétique et en interroger la coïncidence; ou fonction de l'écriture en tant que résultant de certains rapports de travail, et sa fonction comme investissement d'une énergie individuelle. A partir d'un événement initial, naissance, mariage, bataille, mort, simultanément transmis et trahi (tel qu'en un autre le texte change le même), s'instaure une surface rhétorique que rongent de l'intérieur (et crèvent, plus rarement) des mouvements nocturnes suggérant à qui les perçoit que le discours se déploie dans toutes les dimensions d'un espace illimité. Sur l'intention déclarée prévaut l'*in-tension*: cette tension interne, cet appétit de rupture.

NOTES

1. Paul Zumthor, *Essai de poétique médiévale* (Paris: Seuil, 1972).

2. Emile Benveniste, *Problèmes de linguistique générale* (Paris: Gallimard, 1966), pp. 228 ff.

3. Christian Metz, éd., *Mélanges linguistiques offerts à Emile Benveniste* (Louvain: Peeters, 1975), pp. 301-06.

4. Paul Zumthor, *Langue, texte, énigme* (Paris: Seuil, 1975), pp. 181-88.

5. Paul Zumthor, *Le Masque et la lumière* (Paris: Seuil, 1978). Certains passages de la communication qui suit ont été entre-temps insérés dans mon livre. Voir surtout les pages 56-64.

6. Voir Harald Weinrich, *Positionen der Negativität* (Munich: W. Fink, 1975), surtout les pages 264-72.

7. Maurice Blanchot, *L'Espace littéraire* (Paris: Gallimard, 1955), pp. 284-85.

8. Voir Daniel Poirion, *Le Poète et le prince* (Paris: Presses Universitaires de France, 1965), p. 466.

9. Voir Jean-Claude Coquet, *Sémiotique littéraire* (Tours: Mame, 1973), p. 71.

10. Louis Marin, *Utopiques: jeux d'espace* (Paris: Editions de Minuit, 1973), pp. 87-114.

11. Noël Dupire, éd., *Les Faictz et dictz de Jean Molinet*, Société des Anciens Textes Français, 2 (Paris: Picard, 1937), 629, vv. 19-24.

12. Nicolas Lenglet du Fresnoy, éd., *Poésies de Jean Marot*, t. 5 des *Oeuvres de Clément Marot* (La Haye: P. Gosse et J. Neaulme, 1731), 57-58.

13. Dupire, p. 628, vv. 1-6.

14. Ibid., p. 630, vv. 37-42.

15. Ibid., p. 630, vv. 49-52.

16. Ibid., p. 628, vv. 7-12.

17. Christine Martineau-Genieys, éd., *Les Lunettes des princes de Jean Meschinot* (Genève: Droz, 1972), p. lvi.

18. Ibid., p. lvii.

19. Ibid., p. lxi.

20. Ibid., p. lxii.

21. Henri-Joseph Molinier, *Essai biographique et littéraire sur Octavien de Saint-Gelays* (1910; réim. Genève: Slatkine, 1972), pp. 277-78.

22. Voir R. Bossuat, "Raoul de Presles et les malheurs du temps," in *Studi in onore di I. Siciliano*, 1 (Florence: Olschki, 1961), 117-22.

23. Voir Franco Simone, *Miscellanea di studi e ricerche sul quattrocento francese* (Turin: Giapichelli, 1967), pp. 168-78.

24. Pierre Jodogne, *Jean Lemaire de Belges, écrivain franco-bourguignon* (Bruxelles: Palais des Académies, 1972), p. 306.

25. N. Mann, "Humanisme et patriotisme en France au XVe siècle," *Cahiers de l'Association Internationale des Etudes Françaises*, 23 (1971), 51-66.

26. Jean Frappier, éd., *La Concorde des deux langages de Jean Lemaire de Belges* (Paris: Droz, 1957), p. 31, vv. 580-84.

27. F. Rigolot, "Jean Lemaire de Belges: concorde ou discorde des deux langages?" *Journal of Medieval and Renaissance Studies*, 3 (1973), 165-75.

Eugene Vance

Aucassin et Nicolette as a Medieval Comedy of Signification and Exchange

Modern theories of language have now become mature enough to do justice to those of the Middle Ages. What is more, ramifications within modern sciences of language have given rise to what is, in fact, a very ancient tension between disciplines. P.F. Strawson has written,

Logic, though it may dazzle us with the clarity of its structures, forms only one part—the first—of that modern *trivium* which now deservedly holds as central a place in liberal studies as ever its predecessor did. The other parts are general syntax-semantics and what, for want of a better word, may be called pragmatics. There is no reason why that dazzling first part, as we have it, should dictate the course of the second, and clearly no possibility of its dictating the course of the third. Rather . . . all three should be held, and viewed in relation to each other and to investigations variously shared by, or apportioned between, metaphysics, epistemology and philosophy of mind.[1]

It is by now a truism, I hope, that throughout the Middle Ages —from St. Augustine to William of Ockham and his followers— the sciences of language comprising the *trivium* (grammar, rhetoric and logic) were not only preeminent among, but even primordial to, all "other" sciences, including sciences pertaining to the world of created things, for instance, music and physics.[2]

Certain scholars interested in the history of science have recently become aware, for example, of the importance, for late medieval thinkers, of a class of sophistical utterances called *sophismata physicalia* as points of departure for physics as a science of what we so arbitrarily call the "natural" world.[3] In the late Middle Ages, structures of language were held as reflections of both the structure of reality and the structure of the intellect.

Given that medieval poetry belonged, historically speaking, to the discipline of rhetoric, hence, to what we would now, with Strawson, call pragmatics, I should like to transpose his plea for the cause of pragmatics into a plea for the cause of medieval poetic art as a metalinguistic activity of great importance to medieval culture. More specifically, I should like to consider the thirteenth-century text *Aucassin et Nicolette* as a medieval experiment in the pragmatics of speech, or in what others have termed "discourse analysis." I shall suggest that its story is a *mise en rapport* not only of lovers, but also of discourses or modes of speech, in such a manner that the ideological and socially determined features of each become defined functionally through contrast with those of the others. To attribute a metalinguistic function to what we now call a "literary" text is merely to suggest 'that, as rhetoricians, poets of the thirteenth century were doing with their art what their counterparts were doing in the other disciplines of the *trivium*: grammarians were now busy exploring the modes of signification of different parts of speech (*partes orationis*), and logicians were now exploring problems of semantics, syntax, and argumentation in view of the desire to signify "truly" in language.

In suggesting that this text exploits narrative as a medium for contrastive juxtapositions of several discourses, I am taking for granted several axioms which have been advanced by modern linguists, but which are probably valid as well for cultures distant in time or place from our own. First, I shall assume that among speech groups most subject to, or most affected by, changes of social status of their members, the consciousness of alternative modes of discursive behavior is most acute.[4] Such was the case, I would propose, with the rising bourgeoisie of Picardy and with the minor nobles, both of whose conditions

were radically affected by socio-economic trends of the thirteenth century. Secondly, I shall assume that social stratifica-
tion, as it is reflected in linguistic behavior, has two aspects:
differentiation and evaluation.[5] Thirdly, I shall assume that in
encounters among members of different speech-groups, presen-
tational and avoidance rituals may prevail over the communicative function of language in such a way that what is finally
"communicated" is the agreement *not* to communicate. Erving
Goffman writes,

> Avoidance rituals, as a term, may be employed to refer to those forms of
> deference which lead the actor to keep at a distance from the recipient and
> not violate what Simmel has called the "ideal sphere" that lies around the
> recipient. . . . Any society could be profitably studied as a system of defer-
> ential stand-off arrangements, and most studies give us some evidence of
> this. Avoidance of other's personal name is perhaps the most common
> example from anthropology, and should be as common in sociology.[6]

Finally, given the *arbitrariness* of verbal signs, I shall assume that
differentiation among speech groups is a ritualized assertion of
the *arbitrariness* of power structures, but that it preempts other,
more violent modes of structuration and exchange.

For all its charm, *Aucassin et Nicolette* has perplexed those
who have brought to it the routine questions of orthodox medie-
valism: questions of origins, of authorship, of genre theory, and
of literary sources and "influences." Mario Roques, the most
recent editor of its single manuscript, summarizes the different
attempts made in the past to classify it, and the only real common denominator of such attempts seems to be an agreement
among critics that its story, its characters and its author were all
"naïve."[7] Roques himself inclines towards the suggestion (made
before him by others) that *Aucassin et Nicolette* is a *mime*, that
is, a dramatic composition whose object is "the imitation of
reality by voice and gesture, but without a complete *mise en
scène* and without the use of several actors."[8] However, given
that *Aucassin et Nicolette* is constituted in large part by stylistic
clichés and narrative elements taken from every major genre of
later medieval literature, surely this "mimetic" function, if it
is there at all, is vitiated, like its "naïveté," by these powerful
icons of intertextuality. Perhaps it would be more convenient to

consider this story as an instance of *bricolage* (in the sense that Lévi-Strauss gives to that term), though with this particularly medieval twist: discourses, and not animals or things, are the primary "emblems" of which this text is made; and to the extent that these discourses are socially marked, their *mise en rapport* in a story is an essentially *totemic* process reflecting intergroup relations within organized society.[9] We shall return to this question later.

As is the case with so much medieval narrative, the plot of *Aucassin et Nicolette* is constructed upon the fixed nature of its characters, and a change of heart in any major character would cause the whole tale to collapse. Aucassin's love for Nicolette is such that:

> De Nicole le bien faite
> nuis hom ne l'en puet retraire,
> que ses peres ne l'i laisse
> et sa mere le manace. . . . (III)

Nicolette's love is reciprocal, but Aucassin's parents are opposed to their union on social grounds, as his mother clearly explains:

> ". . . jetee fu de Cartage,
> acatee fu d'un Saisne;
> puis qu'a moullié te vix traire,
> pren femme de haut parage." (III)

The intractability of the characters provides an architecture for the stylistic and rhetorical juxtapositions that occur in *Aucassin et Nicolette*, yet their unidimensionality tends to empty the plot of all emotional impact and invites us to consider them primarily as icons of a discourse and only secondarily as "human beings." It is a common feature of medieval poetry that discourses generate character and motivate episodes, though in such circumstances the word that they emblematize tends to lose its transparency—that is, its "communicative" function—and tends to move into the center of dramatic interest.

The formal division of *Aucassin et Nicolette* into alternating sung verse *laisses* (whose melody has been preserved) and recited prose passages signals from the very start that the narrative axis of this text is a medium for (and a mediator *between*) discourses whose modes of signification are distinct from each other. While the technique of alternating passages of prose and verse was hardly new in medieval Latin literature (the tradition goes back at least as far as Boethius), in the context of thirteenth-century vernacular culture such discursive hybridism had special significance. As vernacular prose matured, it began not only to give rise to new genres (for instance, historiography), but also to rival and displace poetry as a narrative vehicle. Such is the case, for example, with the prose continuations of the *Lancelot* and with the Grail literature. This contest of forms reflects many other broad transformations occurring in medieval culture: for instance, if there is any ground for the claim that the production of vernacular poetry had traditionally been centered upon circumstances of oral performance, and if we may associate the art of prose with the art of the text, the new prominence of prose reflects the rise of textuality as the privileged institution of vernacular, non-aristocratic culture. Accession to the power of writing by almost all social classes in the late Middle Ages is certainly not one of the least radical sociological developments of the era, since mastery of this tool was inevitably accompanied by new political and economic powers as well.

Aucassin and Nicolette draw their natures as lovers above all from the idealizing conventions of the aristocratic *chant courtois*. Thirteen of the twenty-one verse *laisses* are reserved for their dramatic presence and for their utterances, and we may generalize by saying that in this text only noble characters (except for the shepherd, who plays upon a noble style in *laisse* XXI, and the author, whose social rank is undetermined) are permitted to enter the discursive realm of verse. Aside from its social overtones, the cleavage of the text into verse and prose entails semiological nuances as well: though the poetry of this text seems to enjoy a wider range of reference than the prose (for example, the number of lexical items that appear only once in the poetic language is proportionally greater than that of the prose), relatively, the lexical substance of the verse tends to be manifested in nominal and adjectival forms.[10] The prose, by contrast, is proportionally strong in verbs and adverbs.[11] Such differences point up statistically what we might also glimpse in other ways, that the verse of this text proffers a world which tends to be static and remote and in which nominalizing language often constitutes its own action; the prose, by contrast, proffers a world where temporal and spatial perspectives prevail, one in which movement and action are in order. As modes of signification, the verse and prose of this text posit, though in no absolute way, modes of being and becoming that are ontologically distinct.

As manifestations of courtly discourse, Aucassin and Nicolette symbolize a poetic world now archaic, as the poet suggests from the outset:

> Qui vauroit bons vers oïr
> del deport du viel antif
> de deus biax enfans petis,
> Nicholete et Aucassins,
> des grans paines qu'il soufri
> et des proueces qu'il fist
> por s'amie o le cler vis
> dox est li cans, biax li dis
> et cortois et bien asis. (I)

That Nicolette speaks authentically, like Aucassin, in the elevated discourse of verse probably sufficed to identify her as infallibly noble in the audience's mind, despite the seeming disgrace of her birth. For by the end of the thirteenth century, the old Ciceronian criteria for identifying high, middle, and low styles in terms of their functions (to move, teach or delight) had given way to considerations of decorum in speech that suited the social standing of the speaker. Geoffrey of Vinsauf puts it thus: "When one treats of great people or things, then the style is grandiloquent; when of humble people, humble; when of middle-class people, middle."[12] The term that the late thirteenth-century rhetorician John of Garland uses to designate the relationship that must prevail between social status and speech decorum is *ydioma*.[13] In the case of Nicolette, her "idiom" identifies her as a noble and no doubt justifies, in the mind of the audience, the "noble" love that Aucassin feels for her.

Aucassin and Nicolette derive their identity and their motives as nobles, then, from a conventional poetic discourse, and

through the adventures of these lovers this style and its presuppositions will be severely tested—though not destroyed—by hardships proffered in, and endured, above all in a world of prose.
The first of these hardships arises when Aucassin's parents resort
to preventive detention and cause first Nicolette, then Aucassin,
to be thrown into separate cells—prison, in medieval poetry, is a
favorite contraceptive device. Although the parents provide the
dramatic pretext for the lovers' imprisonment, it may also be
argued that such developments in the story grow out of the
more fundamental obligation of its author to create dramatic
situations that correspond to the presuppositions of the conventional courtly lyric utterance, the most fundamental of these
being distance (in this case it is both social and spatial) between
lovers: in order for Aucassin and Nicolette to utter their initial
complaints of love, they must first be separated and, preferably,
in despair. The prison, then, provides exactly that anguishing
(but poetically inspiring) distance commanded by the presuppositions of the *chant courtois*.

At the same time, however, the courtly complaint is conventionally a seasonal utterance whose speaker teleologically
supposes that his or her erotic desire also motivates the flower-
ing and birdsongs of a natural world quickened by spring.
Accordingly, Nicolette's cell becomes, in her complaint, an
exquisitely decorous place, an un-prisonlike, artful place that
both occasions and complements the action of her uttering in
verse:

> Nicole est en prison mise
> en une canbre vautie
> ki faite est par grant devisse,
> panturee a miramie.
> A la fenestre marbrine
> la s'apoia la mescine:
> ele avoit blonde la crigne
> et bien faite la sorcille,
> la face clere et traitice;
> ainc plus bele ne veïstes.
> Esgarda par la gaudine
> et vit la rose espanie
> et les oisax qui se crient,
> dont se clama orphenine:

> "Ai mi! lasse moi, caitive!
> por coi sui en prison misse?
> Aucassins, damoisiax sire,
> ja sui jou li vostre amie. . . ." (V)

Here is a case where the motifs of a conventional erotic lyric utterance generate their own dramatic setting, if not the story which will subsequently test their adequacy with regard to a world where other, no less human needs—and other discourses and style—are also to be manifested. *Aucassin et Nicolette* is a text whose process of generation is only thinly veiled by the fictive events that it conveys, and in the passage above we may glimpse the typical procedures of *description* in the special sense that medieval rhetoricians such as Matthew of Vendôme gave to that term, and which correspond (as Douglas Kelly has recently shown) to the notion of "topical invention" in classical rhetoric: "topical invention," writes Kelly, "involves three phases: the invention of *locus*, the invention of *argumentum* in the *locus*, and *amplificatio* of the *argumentum*."[14]

However, like Chaucer's Criseyde, Nicolette is not circumscribed by the rhetoric of desire and concludes her complaint with a resolve to take initiative that will ultimately prove salutary. Aucassin, by contrast, effetely allows himself to dissolve in nominalizing excesses whose absurdity is certainly condemning:

> "Nicolete, biax esters,
> biax venir et biax alers,
> biax deduis et dous parlers,
> biax borders et biax jouers,
> biax baisiers, biax acolers,
> por vos sui si adolés
> et si malement menés
> que je n'en cuit vis aler,
> suer douce amie." (VII)

If by birth Aucassin and Nicolette possess (or are possessed by) an aristocratic style, the manner in which they employ language is at odds with an uncomprehending—and obstinate—social world that surrounds them. Freed from prison, they are immured by language. Two parallel episodes underscore the opposition between their mode of speaking and that of the surrounding social world. In the first, Nicolette wanders one morning through a forest searching for Aucassin: aristocratic lovers, as we all know, rarely get lost in cities. Nicolette happens upon a band of shepherds, but she does not know that they are city dwellers who commute to the forest each morning for their job. She implores the shepherds to convey a message to Aucassin should they encounter him. The message is artificial and figurative (another criterion of the high or noble style is the abundance of "figures of thought," a procedure called *ornatus difficilis*), and it presupposes our awareness of the symbolism of the hunt as erotic quest in romance for its signification:[15] "Se Dix vos aït, bel enfant, fait ele, dites li qu'il a une beste en ceste forest et qu'il la viegne cacier, et s'il l'i puest prendre, il n'en donroit mie un membre por cent mars d'or, non por cinc cens, ne por nul avoir" (XVIII).

By their answer, these shepherds reveal how remote they are from the tradition of the aristocratic *pastourelle*. Totally unreceptive to her figurative mode of discourse, they respond to her message at the literal, rather than the figurative, level: "C'est fantosmes que vos dites, qu'il n'a si ciere beste en ceste forest, ne cerf, ne lion, ne sengler, dont uns des menbres vaille plus de dex deniers u de trois au plus . . ." (XVIII). The shepherds balk at transmitting Nicolette's message and tell her to get on her way, but Nicolette has a more coercive weapon than native beauty at her disposal: money. Five *sous* win her the privilege even to amplify her message, though still in a figurative mode that the shepherds seem not to understand. But they do understand both the power of money and the necessity to define the precise limits of their contractual obligations:

—Ha! bel enfant, fait ele, si ferés. Le beste a tel mecine que Aucassins ert garis de son mehaing; et j'ai ci cinc sous en me borse: tenés, se li dites; et dedens trois jors li covient cacier, et se il dens trois jors ne le trove, ja mais n'iert garis de son mehaing.
—Par foi, fait il, les deniers prenderons nos, et s'il vient ci, nos li dirons, mais nos ne l'irons ja quere." (XVIII)

That this passage illustrates very clearly a fact of thirteenth-century social history, which is that feudal transactions, indeed nearly all contractual relationships, are both motivated and mediated now by money, scarcely needs to be belabored.

More interesting is that if, in this case, money "talks," people don't: this is an episode in which partners in a social relationship somehow communicate by their salutations and by their mutually deferential conduct their agreement *not* to communicate. What looks at first like stupid literal-mindedness in silly shepherds is, on the contrary, a recognition and assertion of class boundaries which differentiate between social groups at a moment when the language of money apparently speaks equally (hence, dangerously) to all, thus, a moment when intergroup relationships require both new criteria for discrimination and new emphasis. Verbal behavior provides these criteria, though in order to be functional such criteria must be recognized, at least implicitly, by those who are directly concerned, and especially by those who are in a subordinate rank. Such proves to be the case here, for in the episode that follows, the shepherds show how very agile they are at playing discursive boundary-games. Aucassin, one will recall, has been advised by a knight (that is, by a fellow aristocrat) that if he mounts his horse and goes through the forest he will find flowers and herbs and hear birds singing, and "by adventure you will hear words that will make you better" (XX). This is, of course, a *locus amoenus* of erotic love, and by a process of metonymy the knight communicates to Aucassin a glimmer of hope. It is with this figural code in mind that Aucassin sets forth on his adventure, and when destiny carries him along the path where the shepherds are gathered, they begin to play at being "literary" shepherds and sing the prettiest little *pastourelle* imaginable:

> Or s'asanlent pastouret,
> Esmerés et Martinés,
> Früelins et Johanés,
> Robeçons et Aubriés.
> Li uns dist: "Bel conpaignet,
> Dix aït Aucasinet,
> voire a foi! le bel vallet;
> et le mescine au corset
> qui avoit le poil blondet,
> cler le vis et l'oeul vairet,

ki nos dona denerés
dont acatrons gastelés,
gaïnes et coutelés,
flaüsteles et cornés,
maçüeles et pipés,
Dix le garisse!" (XXI)

Unaware that the shepherds know him not as an errant knight, but as a local aristocrat, and that they are toying with a mode of discourse that masks the reality of their true origin, Aucassin quite spontaneously thinks of Nicolette; however, instead of asking the shepherds what they mean, he asks them only to repeat their song. The shepherds are in a foul temper, though, because Aucassin's father is their overlord and he is selfish with his land. Consequently, though they have just been singing, now they suddenly balk at singing another note. No amount of money, this time, will induce the shepherds to defer to the young aristocrat's fetishism of the word. But for a good fee, the shepherds' spokesman does consent to *narrate* Nicolette's message in prose: "Sire, les deniers prenderons nos, mais ce ne vos canterai mie, car j'en ai juré; mais je le vos conterai, se vos volés. —De par Diu, fait Aucassins, encor aim je mix conter que nient" (XXII). The shepherd accordingly utters the message in prose, ending with the truculent remark, "Or le caciés se vos volés, et se vos volés si le laiscié, car je m'en sui bien acuités vers li" (XXII). Gone is the ingenuous shepherd of the classical pastoral and of the aristocratic *pastourelle*, just as the black fool of Uncle Tomism would vanish some six centuries hence.

What I find noteworthy about this episode is that its central area of contention is not between meanings, but between modes of signification that are above all indicators of group membership. A group consciousness has been asserted above all as strategies of discourse in which false or arbitrary boundaries are first laid down by a speaker and then suddenly withdrawn. The code-switching, one will notice, occurs only in the speech of the shepherds, and it seems to coincide with a certain ambiguity in their social status as shepherds who "belong" to a noble overlord whose wealth still lies in rural resources of men, land, and animals, yet who also "belong" to the life of the town in which monetary power is creating new alliances, new privileges, and new roles. Here is a poetic text that dramatizes problems of language with a lucidity wholly worthy of this brilliant metalinguistic age: indeed, never did the medieval theory of *suppositio* (which has to do with the way in which speakers invoke signs which are conventional and polysemous to stand for things) receive more skilled treatment as an ethical problem implicating men as members of speech groups divided by numerous issues of deep ideological import.[16]

A second episode follows immediately where once again intergroup relationships are tested through strategies of discourse, and once again one will observe that the systems of money and language function differently: a peasant will succeed in eliciting money from Aucassin, but not meaning. The episode begins with a narrative cliché from the world of romance, which is that of a young knight passing through the forest on his steed (*destriers*). We are once again in the realm of the "marvelous," and the first "marvel" is that Aucassin is so enraptured by his adoration of Nicolette that he is perfectly numb to the worldly briars that wound his flesh in "thirty or forty places." Though spilt blood is ordinarily a "natural" sign of recent wounds, we are witnessing a supernatural spell of otherworldly devotion that the Virgin Mary herself could only envy. Aucassin now encounters a peasant whose grotesque animal features are modeled upon those of the cowherd in Chrétien's *Yvain*. One will recall that in *Yvain* this creature points out to Calogrenant the path to the perilous fountain, and the author of the later text indicates very clearly that the terms of reference of this beast lie in the marvelous of romance: *grans estoit et mervellex*. The two exchange greetings, and then, apparently curious as to why a peasant might have wandered into this *locus* of loftier adventures of the loving heart, Aucassin asks, "What are you doing here?" But the plowman wants to know why Aucassin cares in the first place, and Aucassin answers that he asked the plowman why he was there only for the latter's wellbeing, a display of good, old-fashioned aristocratic paternalism. But, like the shepherds before, the plowman recognizes Aucassin and cannot understand why a rich man might ever weep. They agree to exchange stories, but Aucassin initiates the transaction with a highly figurative story that the plowman misunderstands with great vigor:

> —Certes, fait Aucassins, je le vos dirai molt volentiers: je vig hui matin cacier en ceste forest, s'avoie un blanc levrer, le plus bel del siecle, si l'ai perdu: por ce pleur jou.
> —Os! fait cil, por le cuer que cil Sires eut en sen ventre! que vos plorastes por un cien puant? Mal dehait ait qui ja mais vos prisera, quant il n'a si rice home en ceste terre, se vos peres l'en mandoit dis u quinse u vint, qu'il ne les eust trop volentiers, et s'en esteroit trop liés. Mais je doi plorer et dol faire. (XXIV)

The plowman goes on to recount his own catastrophe, which is that he has hired himself out to a rich townsman, but that he has lost Roget, his best plow ox. (The name of Roget, uttered so spontaneously, contrasts with that of Nicolette, so artfully concealed in the fetishistic ornaments of the high style.)

Though Aucassin is numb to hardships of the flesh, the plowman explains that he has not eaten or drunk in three days, that he dares not return to town for fear of being imprisoned, and that his poor old mother wallows in straw with nothing more in the world than a rag on her back. Aucassin is swept with compassion, and with a gesture that Dante would surely have admired as an example of what he called *pronta liberalitade*, the young noble spontaneously empties his purse into the plowman's hand. Yet never does Aucassin become concerned that he and the plowman are caught up in separate codes or systems of reference, each of which proffers its own set of values and its own "reality," neither of which we are asked wholly either to approve or to condemn. On the contrary, it may be suggested that, by making a lapse of communication the true subject of this episode and by demonstrating so clearly that language is a system of signs whose capacity to refer to things depends merely on social convention, the poet is in effect allowing us to grasp, if not to question, the arbitrary nature of all relationships of political power.

Moreover, though the characters of this episode remain completely circumscribed by their separate modes of signifying and by their separate ideological frameworks, we of the audience experience what amounts to a set of ideological transvalorizations that attend the shift of "human" perspectives mediated by this tale. If we assume that this episode takes as its point of departure a set of implicit (or even explicit) values or prejudices which *a priori* are positively marked from the standpoint of a traditional aristocratic poetic code (hence, whose opposite terms, still within that code, are negatively valorized), what occurs in this context is a *mise en cause* of this initial ideological input. Valences are suspended, disrupted and even reversed, if only momentarily. Though it is somewhat arbitrary for us to establish such lists, here is at least a partial inventory of ideological polarities that are called into question in the duration of this episode:

Positive (+) valorization	*Negative (-) valorization*
knight	serf
fin' amor	bestiality
beauty	ugliness
magnanimity	avarice
wealth	poverty
desire	need
aventure	flight, retreat
hunt	labor
forest	field
steed	plow ox
asceticism	materialism
figural discourse	literal discourse
folly, *démesure*	reason

There can be no doubt but that there are deep ideological repercussions in this confrontation of two absolutes, that of a secret, aristocratic and nearly ineffable erotic passion, and that of an obvious hunger afflicting a terrified peasant burdened by a feeble mother. However, it would be facile, and perhaps erroneous, to interpret this passage merely as an example of an emerging bourgeois "realism" that now dares to challenge the presuppositions of literary institutions that had traditionally served only the church and the aristocracy. A challenge is certainly there, yet we must not lose sight of the fact that Aucassin emerges from his encounter with the starving peasant unchanged, even though Aucassin's own tyrannical father is both detested and envied by the lower classes. It is true that Aucassin's aristocratic magnanimity has allowed him to hear the plowman with compassion and even to relieve his problem merely by opening his purse, yet neither his position of power nor his manner of apprehending reality or of speaking are affected. On the contrary, the peasant is effectively silenced by Aucassin's paternalism and his magnanimity, and the deeper causes of his plight are smothered as the ultimately successful adventure of love is resumed: "Il se part de lui; Aucassins si cevauce. La nuis fu bele et quoie, et il erra tant qu'il vin . . ." (XXIV). Even though the conventionally figurative "wound" of love becomes literal when Aucassin falls off his horse and dislocates his shoulder, the young lover clings steadfastly to the *ornatus difficilis* of the noble style as he utters, from the ground, a soliloquy to a star in the sky that is "brighter than all others":

> "Estoilete, je te voi,
> que la lune trait a soi;
> Nicolete est aveuc toi,
> m'amïete o le blont poil . . . ." (XXV)

Not only does Nicolette by chance overhear Aucassin from her bower, but she also cures both his figurative wound with a kiss and his literal wound by putting his shoulder back in joint. Aucassin has all the luck: he retains in this episode (as in the previous one) the closely related and perhaps identical privileges of dispensing money and of imposing meaning on those verbal signs with which we so arbitrarily constitute "reality." In this instance, if "reality" momentarily threatens to reconstitute itself in the terms of another code, it finally gives in to the stronger semiological ground rules of an absurd, yet aristocratic, language of erotic desire.

Although the author of *Aucassin et Nicolette* quite willingly points out what is absurd in a noble style, he does not compel us to censure those who display it; nor does he ask us, either, to condemn those of the lower classes who parody or contest that style. However, if nobles themselves transgress their proper codes of living or speaking, such incidents become occasions of great contempt. Thus, that Garins de Biaucare, Aucassin's father, should be stingy with his land and tyrannical with the peasants, or that he should break his oath promising that Aucassin could marry Nicolette if he defeated Bougars de Valence, his old rival, are grievous transgressions of *largesse* and honor, two cardinal virtues of an aristocratic ethics. Worst of all, though, is when aristocrats allow their styles of living and speaking to be contaminated by modes proper to classes beneath them: to disrupt hierarchy of any kind is a momentous deed in the late medieval mind. Moreover, since nature itself is hierarchical, to pervert hierarchy is a sin against nature, and we find an interesting conflation of such travesties in the episode at the castle of Torclore, where the marvels of romance and the heroics of epic are displaced by the grotesqueries and slapstick of the *fabliau*.

The King of Torelore, one will recall, has just achieved a *grant mervelle*, which is that he has just been delivered of a child, while his wife is out leading the troops on the battlefield. In a medieval perspective, this inversion of roles obviously is a sin against both nature and hierarchy, and Aucassin's response is appropriately spontaneous and violent: he tears the sheets off the bed upon which the King has just given birth and begins to beat the King to death with a club. The King protests, and Aucassin spares him only on the promise that the males of Torelore will resume their natural place in the natural order: "Par le cuer Diu! fait Aucassins, malvais fix a putain, je vos ocirai, se vos ne m'afiés que ja mais hom en vo tere d'enfant ne gerra" (XXX).

Aucassin's next redressment of natural order involves not just the roles of the sexes, but the vocation proper to the aristocratic *miles*, which is, of course, to make war. Not only has the queen usurped the place of male command, but the soldiers themselves have relinquished the arms and the rituals of epic combat for a far less heroic contest of throwing rotten sticks, eggs and soft cheese at each other. Though less militaristic cultures than that of the Middle Ages might prefer to applaud such games, in this text it seems clear that the inversion of sexes and the denaturing of combat are seen as perversions of a natural order that are equivalent because they are so extreme. Aucassin is admirably uncomprehending before such a spectacle, and he spontaneously laughs: "Aucassins, li prex, li ber, / les coumence a regarder, / s'en prist a rire" (XXXI). But then he does what is "natural" for a true young knight, which is to plunge into the fray with a real sword and with all Rolandian zeal, only to be reprimanded because of his heroic *démesure*:

"Ha! biax sire, ne les ociés mie si faitement.

—Conment? fait Aucassins, en volés vos que je vos venge?

—Sire, dist li rois, trop en avés vos fait: il n'est mie costume que nos entrocions li uns l'autre." (XXXII)

Although Aucassin puts the enemies of Torelore to rout, his only reward as warrior and peacemaker is to be despised by the people, who petition their king to throw Aucassin out of their land: surely this is an inverted image of the ceremony of welcome customarily reserved for victorious or conquering warriors when they enter or return to a town, a ceremony not only often described in medieval literature, but one which gave rise to a body of "occasional" poetry celebrating royal entries.

The episode of Torelore has exploited timeless techniques of inversion, comedy and satire in order to present a negative image of the feudal world as it *should* be, and, as is usually the case with satire, its ultimate goal is to reform, but not to destroy, the power structure at which it is directed. Indeed, for all its charm and humor, it is easy to see that *Aucassin et Nicolette* is strongly supportive of traditional feudal values. For instance, even though late medieval social theories conceded that a person could be "noble" by virtue of "natural" or inborn virtues, and even though most of us are obviously pulling for poor little Nicolette from the very start, *Aucassin et Nicolette* is a story with a doubly happy ending: they are lovers united, but it also turns out that Nicolette is as noble a woman by birth as any aristocratic bumpkin in the county of Biaucare could hope to win. Not only does this story celebrate a happy succession of power through primogeniture and inheritance (Aucassin seems not even to have any younger brothers), but we also have every prospect for the perpetuation of the system through these same means: who could doubt that the new lady of Biaucare will breed little heroes and heroines, sure to inherit the world when their time is ripe? Thus, *Aucassin et Nicolette* is the expression of an aristocratic establishment that has accepted the challenge of questioning its basis of power, but only to re-endorse its most traditional ideals: magnanimity, honor, military prowess, and the myth of a capacity for ideal love. It is the image of an aristocracy which not only rectifies its own transgressions, but which at the same time succeeds in satisfying the needs of those in other social ranks as well: this is a poem where everyone finally gets exactly what he is looking for—love, money, heirs, food, plow oxen, or whatever. A hierarchy of human natures, faulty though they are, remains intact. The successful reunion of Aucassin and Nicolette is a comic victory of love over the obstacles of life, and also of a poetic language—an over-precious one, to be sure—over more common, roguish parlances. The arbitrariness both of verbal signs and of power structures is made evident, but not necessarily horrible.

In conclusion, I should like to venture several hypothetical remarks about *Aucassin et Nicolette* as a story which is integral, in the sense that it is structurally complete, yet which is informed by a plurality of discourses that mutually call into question each others' premises and which relativize "truth" through lapses, disjunctions and transgressions of meaning. We have no adequate critical vocabulary to use in dealing with this dialectic of conjunctive narrative form with disjunctive modes of enunciation. Though we may be tempted to see this text as an instance of the "dialogic," to use a term of Bakhtin as taken up by Kristeva (that is, as a text whose intervals are absolute and which are inscriptions of an alteriority in the subject(s) of enunciation that is beyond reclaim), I would suggest that this text remains within the realm of a monologism at its most "liberal," that is, one whose model is that of a law which allows for transgressions of itself.[17] It is interesting that nearly all of the major poetic talents of the thirteenth and fourteenth centuries were touched by the impulse to move toward a dialogism in which no center, no point of reference, no immanent totality is given—that is, toward an activity in language which is essentially carnavalesque —but that these impulses tend to be eclipsed by totalizing impulses that allow themselves instead to be tempered by irony. Such is the case, for example, with Dante. Chaucer's career, by contrast, remained an open-ended quest for style, and this quest is never far beneath the dramatic surface of the *Canterbury Tales*.

Aucassin et Nicolette is a story that functions somewhat like a treaty or contract: simply to read it is implicitly to agree to the negotiability of its oppositions, even if the characters *within* the text do not share our privilege of readerly omniscience. The structure of narrative, then, is a transactional structure as well, and the transactions perpetrated in the operations of writing or reading this story are all the more valorized by the numerous failures, imbalances and dissymetries of exchange that are narrated *in* the text: messages given that are not understood, sums of money disbursed without goods or services in return, broken promises, non-recognizance of services performed, etc. The economy of narrative quietly gives itself, then, as supreme over all others, except that of erotic desire, its double; and the position of the reader is correspondingly exalted as well: he is the master of all discourses, though the speaker of none. He alone occupies a throne where meanings converge, that no real king, by himself, could ever hope to command.

NOTES

1. Peter F. Strawson, *Subject and Predicate in Logic and Grammar* (London: Methuen, 1974), p. vii.

2. Jean Jolivet, *Arts du langage et théologie chez Abelard* (Paris: J. Vrin, 1969), p. 15.

3. Frédéric Nef, "Présentation des *sophismata physicalia*, contribution à l'étude du chiasme sémantique/physique," to appear in *Archéologie du signe*, proceedings of a colloquium held at the Centre International de Culture de Cerisy, August 2-12, 1977, eds. L. Brind'Amour, E. Vance, and T. Whiteside.

4. William Labov, *Sociolinguistic Patterns* (Philadelphia: Univ. of Pennsylvania Press, 1972), chs. 1, 2, and 5.

5. Ibid., p. 129.

6. Erving Goffman, *Interaction Ritual: Essays on Face to Face Behavior* (Garden City, N.Y.: Anchor Books, 1967), pp. 62-63.

7. *Aucassin et Nicolette*, ed. Mario Roques (Paris: Champion, 1963), pp. vii, xi. All references to the work are to this edition. The number of the *laisse* of each passage is provided in parentheses at the end of each quote.

8. *Aucassin*, p. v.

9. Claude Lévi-Strauss, *Le Totémisme aujourd'hui* (Paris: Presses Universitaires de France, 1962).

10. Simone Monsonégo, *Etude stylo-statistique du vocabulaire des vers et de la prose dans la chantefable "Aucassin et Nicolette"* (Paris: Klincksieck, 1966), p. 64.

11. Ibid., pp. 39-44.

12. My own translation of Geoffrey de Vinsauf, *Documentum de arte versificandi*, II, 3, taken from Edmond Faral, *Les Arts poétiques du XIIe et du XIIIe siècle* (1924; rpt. Paris: Champion, 1958), p. 312. See Faral's remarks, p. 87.

13. Traugott Lawler, ed., *The Parisiana Poetria of John of Garland* (New Ha-

ven: Yale Univ. Press, 1974), p. 102, l. 375. Another important term is *sermocinacio*, which is the assignment of discourse to characters in accordance with their station in society (p. 132, l. 373).

14. Douglas Kelly, "Spécialité et invention des topiques: *logos-argulogos-argu-mentum-amplificatio/abbreviatio*," forthcoming in *Archéologie du signe* (see above, n. 3). The translation is mine.

15. Faral, p. 89.

16. Philotheus Boehner, *Medieval Logic* (Manchester: Manchester Univ. Press, 1952), pp. 26-51. The concept was formally explored only after the supposed time of composition of *Aucassin et Nicolette*, but the concept is implicit in Abelard's term theory.

17. Julia Kristeva, *Semeiotikè* (Paris: Seuil, 1969), pp. 143-73.

Minnette Grunmann-Gaudet

The Representation of Time in *La Chanson de Roland*

In the twelfth and thirteenth centuries, the time of man's every-day existence was measured by canonical hours and organized around religious festivals and rituals, constant reminders of man's search for eternal truths. The close link between secular and eternal time enabled man to adopt an attitude of temporal ease in which time and change were relatively unimportant. As Ricardo Quinones notes in *The Renaissance Discovery of Time*, "For the Middle Ages time could be abundant, because behind the chances and changes of events man could sense a higher directing order. His life still had religious associations with the universe, his beginnings and his ends were in the hands of a providential and concerned divinity."[1] Burke, in *The Renaissance Sense of the Past*, also emphasizes the static quality of medieval views of time and nature. He points out, for example, that Isidore of Seville viewed the four seasons as distinct entities, seeing discontinuous states of being where we see gradual change or flow, and that to "students of physics in the twelfth and thirteenth centuries the state of rest was the natural condition of everything in the universe." Burke mentions Hugh of St. Victor (†1141), who thought of change in history as a decline from the stability of Paradise, and remarks that historical accounts in the Middle Ages were written by monks who were basically concerned with the timeless. He points to the medieval expression for entering a monastery, "relinquere saeculum," which might reasonably be interpreted as "leaving time behind."[2] This indicates to Burke that a sense of historical perspective was missing in the Middle Ages. He says that "medieval man lacked a sense of the past being different in quality from the present" and supports his theory by referring to the frequent anachronisms which appear in medieval literature and the apparent lack of concern for evidence and causality on the part of medieval historians.[3]

Richard Glasser, in *Time in French Life and Thought*, views medieval man as "time-blind."[4] He cites the hero of the Old French epic as an individual who is "aware neither of the falling leaves in the autumn nor of the passing away of generations," for "these were phenomena which in no way attracted his attention."[5] He maintains that medieval man held little concern for the transitory nature of his existence, for his frailty or mortality. Like primitive man, he hoped to transcend the limited and strictly contingent horizon of his own situation, and ultimately, of course, to attain eternal life.[6]

Medieval man's obsession with the eternal is clearly revealed in art and literature. In early medieval sculpture, the focal point is often that of a divine being of gigantic proportions, standing or seated above his fellow men in a rigid hierarchical pose, holding in his hands the emblems of his divinity, signs of his inalterable superhuman condition.[7] The eternal or absolute is also mirrored in hagiographic literature, the *chanson de geste*, and to a lesser degree in the chronicles and early romances, which are replete with the images or symbols of transcendent, atemporal truths. In any case, that which is universal or timeless dominates, and it is this aspect and the way in which it affects the structure and content of the *Chanson de Roland*[8] which I shall analyze in the following discussion.

I

The *Chanson de Roland* is basically achronological. It is impossible to establish a time scheme, for the poem is marked by a

general unconcern with temporal connections. Like most symbolic narratives, it presents an atemporal reality in which events
are removed to a superhuman and suprahistorical plane. Time is
vaguely indicated by references to religious holidays and the
rising and setting of the sun. Sometimes it is communicated
through spatial concepts, which also remain ill defined. All in
all, there are few temporal markers in the *Roland*. Those which
do appear serve primarily to create atmosphere, not to pinpoint
events in time.

Certain critics, nevertheless, persist in attempting to calculate
chronology. Roberta Kunkle develops an elaborate theory of a
seven-day work-rest cycle,[9] a theory which could fit the pattern
only if each day were conceived of as a paradigm for many days.
There is no textual evidence for Kunkle's seven-day time scheme.
On the contrary, her arguments are easily refuted by a close
examination of the text.

A case in point is her outrageous statement that Charlemagne's
army traveled from Saragossa to Aix-la-Chapelle on the sixth
day.[10] Aix-la-Chapelle (modern-day Aachen) is well over 1000
km. from Saragossa. Such rapid transport would be difficult to
find, even in today's jet age. Kunkle also insists that the judgment of Ganelon takes place on the seventh day.[11] Yet the poet
carefully states that Ganelon was tried and convicted on the festival of St. Sylvester, which falls on December 31:

> Asemblez sunt a Ais, a la capele.
> Halz est li jurz, mult par est grande la feste,
> Dient alquanz, del baron seint Silvestre.
> Dés ore cumencet le plait et les noveles
> De Guenelun, ki traïsun ad faite. (3744-48)

We know for a fact that the narrative begins some time in September and not the last week in December, for at the outset of
the poem Marsile promises to follow Charles to Aix-la-Chapelle
and to convert to Christianity on the festival of St. Michel, which
occurs on September 29. We are also informed that this will take
place before the month is out: "Ja einz ne verrat passer cest premer meis / Que jel sivrai od mil de mes fedeilz, / Si recevrai la
chrestïene lei, ..." (ll. 83-85). Were we to accept Kunkle's seven-
day plan, Ganelon's execution would take place in September,

prior to the festival of St. Michel, and not on the festival of St. Sylvester.

The mention of these festivals stimulates our imagination, as do indications of the season or the time of day.[12] But the information furnished is not sufficient to establish a chronology of events. It is impossible to calculate how many days or months pass from the beginning to the end of the narrative. Similarly, in the *Roland* the days of the week are never mentioned, and even such indeterminate phrases as "many weeks had meanwhile passed" are, as a rule, absent. The few references to time which do appear in the poem function primarily to create atmosphere, as in the frequent linking of important events with religious holidays. As Ménard points out, with regard to the romances of Chrétien de Troyes, adventures often commence or culminate on festivals, for they are commemorative in nature and mark the ritualistic time of beginnings and endings.[13] Temporal specifications, such as the mention of holidays, seasons, or months, serve primarily to signal new actions and do not indicate a concern for time.[14]

As in the use of holidays, allusions to daybreak or nightfall serve to mark beginnings and endings, and thus frame separate scenes of action in time. They in no way provide us with a sense of temporal continuity. Arrivals of messengers or troops, signaling the completion of an old episode or the commencement of a new one, often occur at dawn or dusk. An example is Ganelon's return from Saragossa to Charlemagne's camp. Ganelon arrives at dawn (ll. 669-74), but the time which has passed since his departure is not delineated, and thus difficult to trace. The council scene in which Ganelon is named as ambassador to Marsile is conspicuously devoid of a temporal framework. Subsequently Ganelon prepares for the journey, joins Blancandrin and his men, and plots the ambush at Rencesvals while en route to Saragossa. One can merely suppose that Ganelon arrives in Saragossa during the day, for he is met by Marsile, the deliberations take place, and the pact is quickly sealed. No reference is made to Ganelon's spending the night in Saragossa. The only mention of the passage of time is Ganelon's guilty comment that he has already lingered too long: " 'Mei est vis que trop targe!' " (l. 659). Here we are provided with *erlebte Zeit*, or "lived time," that is, Ganelon's subjective awareness of the rapid passage of time and his fears of being accused of conspiring with the enemy. The amount of time that he has actually spent in the enemy camp is impossible to calculate.

In the *Chanson de Roland*, the passage of time is often implied by movement through space. The time intervals between action days are frequently marked by journeys from one location to another. These journeys lack temporal definition; they are inserted as a kind of blank duration between what has transpired and what lies ahead.

Baligant's voyage from Babylonia to Spain must have been long and arduous, but the poet of the *Roland* prefers to poeticize the journey, presenting it as a timeless spectacle of gleaming lights on a dark sea, totally divorced from reality. There are no real clues as to the duration of the voyage. We know that Baligant's fleet sets sail in May, on the first day of summer, from a port near Alexandria: "Ço est en mai, al premer jur d'ested: / Tutes ses oz ad empeintes en mer" (ll. 2628-29), but no attempt is made to provide a quantitative measure of the time needed to complete the journey. At the same time that it represents a propitious moment to commence a voyage, in terms of weather conditions, the mention of the first day of summer also serves symbolically to mark the beginning of a new episode.

The brief description allotted to the voyage in the narrative (two short *laisses*) also serves to accelerate the passage of time and conveys the feeling that the journey was very short. *Laisse* 190 describes the ocean crossing and *laisse* 191 the trip from the mouth of the Ebro River upstream to Saragossa. In *laisse* 190 the poet implies that the voyage is swift, the pagans making use of oars as well as sails. He then describes the voyage at night, the glow of lanterns and shining armor reflecting off the water, and the play of lights on the shore as they land.

Laisse 191 begins with a reminder of the pagans' haste to reach Saragossa: "Gent paienor ne voelent cesser unkes" (l. 2639). The poet briefly enumerates the cities they pass as they travel upstream, makes another poetic reference to the spectacle of hundreds of thousands of lanterns lighting up the night, and concludes with an announcement of their arrival, the next day, in Saragossa. In both *laisses* time and space are condensed through the paratactic juxtaposition of details, and we are left with the impression (albeit false) that the voyage was of brief duration.

Although a displacement in space indicates a displacement in time, the format of the journey fails to provide any precise chronological information. The span of time between Charlemagne's capture of Saragossa and his return to Aix-la-Chapelle is presented as a kind of empty interval, regarded and imagined as distance. The quality of continuous flow is missing. Duration is spatialized so that time is seen as separate and unrelated points, the various cities through which the Franks pass en route to Aachen. Charlemagne's troops capture Nerbone, which Moignet believes to be Arbonne, near Bayonne (p. 258), deposit Roland's horn on the altar of Saint-Sevrin in Bordeaux, cross the Gironde River, bury Roland, Olivier, and Turpin in Saint-Romain-de-Blaye, then proceed directly to Aix. The description of the latter part of the journey is cut short by a poetic summary of Charlemagne's haste: "Carles cevalchet e les vals et les munz; / Entresqu'a Ais ne volt prendre sujurn" (ll. 3695-96). Such a large army would have had to stop a number of times to forage and to rest on the long route from Blaye to Aachen, but once again the poet is not interested in describing realistically the hardships of the journey. The sites named are on the well-known pilgrimage route to Saint-Jacques-de-Compostelle. Space, therefore, consists of a series of places which are selected for their symbolic value, much in the same way that time is marked by symbolic hours or days. The journey acts as a sort of spatial bridge or transition between action days which are essentially disparate blocks of time.

In a sense, time may be viewed as movement through space and space regarded as static time. In the *Roland*, spatial concepts often provide vague indications of temporal relationships, without, however, defining them. Olivier, by alluding to distance rather than time, informs us that it is too late to summon the aid of Charlemagne: " '. . . Rollant, veez en alques: / Cist nus sunt prés, mais trop nus est loinz Carles. / Vostre olifan, suner vos nel deignastes . . .' " (ll. 1099-1101). The enemy is too close and Charlemagne too far; that is, too much time has elapsed from Charlemagne's departure. Another example of the spatialization of temporal concepts is the scene in which the wounded archbishop goes to fetch water for Roland, who has fainted. The archbishop dies before he reaches the stream. The moment of his death can be roughly estimated by the distance he travels: "Einz qu'om alast un sul arpent de camp, / Falt li le coer, si est chaeit avant" (ll. 2230-31).

Although such spatial markers are colorful and serve to create atmosphere, they fail to provide precise details about the distance covered or the time which transpires in the process. In effect, geographical verisimilitude seems to be of little concern to the poet of the *Roland*, as Martín de Riquer, Calin, Hatzfeld, Vance, and others have noted.[15] Vance insists, however, that this vagueness applies only on a large geographical scale and that, on a smaller scale, "the author is meticulous about situating episodes within specific settings" and giving an immediate sense of *locus* to the actions of his heroes.[16] It is certainly true that the spatial framework within certain scenes is vividly delineated by recurrent formulas such as "desuz un pin," "sur un perrun," "en un pui," much in the same way that the temporal framework of individual scenes is defined by formulas relating to dawn and dusk. But, as Hatzfeld indicates, such highly stylized formulas serve to describe an abstract landscape often incongruous with actual topography.[17]

In the *Roland*, geographical and topographical references are frequently false. Stylized landscapes, incorporating high mountains and deep valleys, often fail to correspond to the site named, as in the last battle scene, where Charlemagne's forces ride off to meet the enemy:

> Passent cez puis e cez roches plus haltes,
> E cez parfunz valees, cez destreiz anguisables,
> Issent des porz e de la tere guaste,
> Devers Espaigne sunt alez en la marche,
> En un emplein unt prise lur estage. (3125-29)

Moignet stresses the geographical inaccuracy of this scene: "Ici l'évocation des hautes montagnes, des profondes vallées et des défilés effrayants vient hors de propos, puisque Charlemagne se trouve dans la plaine de Roncevaux pour rendre aux morts les honneurs funèbres; c'est vers le sud, où il n'y a aucun relief notable, qu'il doit se diriger pour faire face à Baligant, et non vers le nord où commence la montagne" (p. 225).

Inaccuracies of this kind are to be expected in a work where temporal and spatial indicators are basically symbolic. Like daybreak and nightfall, mountains and valleys evoke the moral polarities inherent in the work: pagans vs. Christians, good vs. evil, heaven vs. hell.

In the *Roland*, both time and space are expressed by colorful formulas, which create atmosphere, but continue to ignore precise details about duration or location. The poet seems to view temporal and spatial boundaries as insignificant. He executes wild leaps backwards and forwards in time and juxtaposes disparate pictorial images. In so doing, he creates a feeling of abstraction from time and space, of a certain vacuity or unreality, similar to that engendered in the observer by a Gothic interior.[18]

II

In his well-known work on *Time and the Novel*, Adam Mendilow states that the major characteristics of time are transcience, sequence, and irreversibility.[19] Meyerhoff uses similar terminology, attributing to time the qualities of succession, flux, and change.[20]

In *La Chanson de Roland*, changes which mark the flow of time go unnoticed. There is no mention of the changing of seasons or of the physical disintegration brought about by old age. Likewise, there is very little mental or emotional development on the part of the epic hero, who seems to be bound by the fatalistic universe in which he lives. Time seems to have suspended its flight, and we are plunged instead into a sort of eternal present.

Aside from the one reference to Baligant's troops embarking in May on the first day of summer (l. 2628), neither the seasons nor the weather is described in the *Roland*.[21] One might expect some reference to the change of seasons in the passage describing Ganelon's trial, which supposedly takes place in Aachen on

December 31. Yet the grass is still green and there is no mention of snow or frost, a fact which points once again to the poet's lack of concern for verisimilitude. "L'erbe verte" presents the necessary contrast to "li cler sanc," or flowing blood, and, therefore, recurs in most death scenes, regardless of the season. Similarly, we witness almost no change in landscape, despite the fact that Aachen is very far north, approximately on the same latitude as Brussels. The rare formulas that do appear to describe the weather or landscape are highly stylized; their principal function is to provide color and create a moral, rather than a physical, climate.

Just as winter has no noticeable influence on the weather or landscape, old age has no appreciable effect on a character's physical capacities or vitality. Although the pagans refer several times to Charlemagne's old age and dependence on his young nephew Roland (ll. 524, 539, 552), Charlemagne is viewed by his Christian followers as strength incarnate. The poet portrays Charles as a vigorous conqueror, and it is this image that the vanquished enemy is finally forced to acknowledge. According to Eginhard, Charlemagne died at the age of seventy-two.[22] Yet in the *Roland*, we are told that he is over 200 years old: "Men escïent dous cenz anz ad passet" (l. 524). The Emir Baligant is even older: "Ço est l'amiraill, le viel d'antiquitet, / Tut survesquiet e Virgilie e Omer" (ll. 2615-16). It is fitting that both rulers have lived many more years than the normal man, for in the Biblical tradition, advanced age is a conventional sign of hierarchic seniority. The old age of Charlemagne and Baligant is a quantitative expression of their dignity and authority, much in the same way that the superhuman proportions of Christ in certain medieval tympana set him apart from ordinary mortals.

The longevity of these two sovereigns may be interpreted in diverse fashions; yet what is most apparent is the element of stasis, the halt of the flow of time.[23] As Auerbach points out, stasis often characterizes that which is legendary.[24] Although Charlemagne and Baligant both have white hair and beard, these traits constitute conventional signs of wisdom and in no way indicate physical impairment. On the contrary, the poet consistently stresses their strength and vigor.

We are told with regard to Charlemagne: "Gent ad le cors, gaillart e ben seant" (l. 3115). Baligant is described in even greater detail:

> La forcheüre ad asez grant li ber.
> Graisles les flancs e larges les costez;
> Gros ad le piz, belement est mollet,
> Lees les espalles e le vis ad mult cler,
> Fier le visage, le chef recercelet,
> Tant par ert blancs cume flur en estet;
> De vasselage est suvent esprovet;
> Deus! quel baron, s'oüst chrestïentet! (3157-64)

It is as if both rulers have each reached a certain optimum age, in terms of wisdom and authority, but remain in a state of suspended animation when it comes to the aging process itself.

As Calin, Auerbach, and other critics have noted, Charlemagne is an enigmatic mixture of strength and weakness.[25] In spite of his premonitions of Ganelon's treachery, he allows Roland to lead the rearguard. According to Auerbach, the Emperor's position in this scene is unclear, and "despite all the authoritative definiteness which he manifests from time to time, he seems as it were somnambulistically paralyzed. The important and symbolic position—almost that of a Prince of God—in which he appears as the head of all Christendom and as the paragon of knightly perfection, is in strange contrast to his impotence."[26] What Auerbach labels as paralysis may be easily explained by the fact that Charlemagne is graced with an awareness of what is *destined* to take place. His premonitory dreams (*laisses* 56 and 57) provide him with a certain omniscience and enable him to share the poet's privileged knowledge of the future.[27] One might call him fatalistic in that he presents no opposition to that which he views as pre-ordained. For Charlemagne, the script has already been written, and all that remains is to play it out, no matter how painful his role may be.

It is this same sense of fatality or inner necessity which seems to motivate Roland. Roland is concerned lest he betray his lineage. He expresses fears that "malvaise cançun" might be sung about him (l. 1014), or that he might lose his fame (l. 1054) or shame his parentage (ll. 1062-64, 1073-76, 1089-91). Rather than avoid disaster, he welcomes it. When Charlemagne offers to leave his army with the rearguard, Roland refuses, saying: " 'Jo n'en ferai nïent, / Deus me cunfunde, se la geste en desment!' " (ll. 787-88). Although Moignet translates "geste" here as "tradition" (p. 77), and Bédier as "famille dont les exploits sont historiques,"[28] one could also interpret it as meaning "song" or "legend," as we find in ll. 1443 and 3262. Roland's comments reveal the self-awareness of one who is both actor and spectator, conscious of his role in history and determined not to disappoint posterity.

As Quinones points out, "Chivalric honor did not derive from any sense of man's exposure to time, but from the sense that within man was an inviolable essence that ought under no conditions to submit to lower contingencies."[29] If Roland's death were bound up with the idea of *malchance*, that is, of an inept subordination to time, it would lose its quality of grandiose necessity. In the *Roland*, the poet makes no effort to create suspense or impart the idea that every minute counts. There is no real concern as to whether Charlemagne will arrive on time to save his nephew, for there is no awareness of time as a force determining events. Instead, there is a heavy sense of fatality which prevents the characters from moving, changing, or exercising their free will.

As Vance remarks, "the characters of the *Song of Roland* enter the poem with an established identity. In contrast with the heroes of modern literature . . . the hero of French epic does not discover the meaning of life by creating his own role in the world; rather he enters a world of fixed truths with a fixed identity to be tested by the spears and swords of outrageous Fortune. In other words, the unfolding of time in the *Song of Roland* does not bring progressive states of awareness in its hero; it measures human *constancy* and not *change*. Roland does not grow qualitatively during his ordeals, but only becomes more like himself as the tale advances."[30]

In the *Roland*, this static characterization is reinforced by the use of formulaic epithets which freeze the character in time. Whatever the situation may be, the defining attribute of a person remains constant. Ganelon is labeled from the outset as "traitor" despite the fact that the treason has not yet taken place. Charlemagne calls his men to council to decide how to respond to Marsile's offer of conversion. The poet names the barons and concludes by saying that "Guenes i vint, ki la traïsun fist" (l. 178). Such an announcement renders Ganelon the archetypal traitor and precludes the possibility of his experiencing any kind of conflict prior to his decision to betray the rearguard.

Even the language spoken by the characters in the *Roland* is marked by a certain rigidity. As Auerbach remarks, dialogue in the *Roland* lacks "free-flowing, dynamic, and impulsive movement in expression."[31] Auerbach cites as an example the verses where Charlemagne first hears the sound of Roland's olifant: "'. . . Jo oi le corn Rollant! / Unc nel sunast, se ne fust cumbatant'" (ll. 1768-69). In these lines one perceives no violent expression of emotion. Charlemagne states what is happening in a very matter-of-fact way. I should add here, however, that dialogue in the *Roland* is not always so static or so colorless. Exaggerated displays of grief, sometimes uttered at inappropriate moments, often appear (ll. 834-41), but this emotion is always curbed by the formulaic language in which it is uttered and thus lacks the movement or flow characteristic of a more hypotactic syntax.

A lack of emotional flow also emanates from the epic's rigid value scheme. As Auerbach points out, "The subject of the *Chanson de Roland* is narrow, and for the men who figure in it, nothing of fundamental significance is problematic. All the categories of this life and the next are unambiguous, immutable, fixed in rigid formulations."[32]

In the *Roland*, the poet chooses to emphasize that which is stable and enduring in the universal flux. We are plunged into a sort of atemporal reality where seasons do not change, characters do not grow or age, and the battles which take place are symbolic of the greater eternal struggle between the forces of good and evil.

III

The second basic characteristic of time as defined by Mendilow and Meyerhoff is sequence or succession. Before analyzing sequence in the *Chanson de Roland*, it might be helpful to distinguish between what Genette, Todorov, Ricardou, and others call the "two temporal axes": (1) the "temps du signifié," or the order of events as they actually happened, independent of their disposition in the narrative, and (2) the "temps du signifiant" or the author's arrangement of events in the narrative.[33] If we consider only the first axis, the *Chanson de Roland* is not devoid of sequence. Events have a beginning, middle, and end which conform to legend. If we consider the second axis, or author's imposition of a pseudo-temporality on the given events, the narrative reveals a lack of linearity. We see that causal relations are seldom expressed[34] and that there is a constant shifting backwards and forwards in time without any apparent design.

The poet brings the future into the present by announcements, prophesies, and other anticipatory remarks. The pagan defeat is implied in the very first *laisse* when the poet says with regard to the Saracen king: "Nes poet guarder que mals ne l'i ateignet. AOI" (l. 9). The *laisse* introducing the council scene in which Charlemagne accepts Marsile's proposal also terminates with two anticipatory statements: "Guenes i vint, ki la traïsun fist. / Des ore cumencet le cunseill que mal prist. AOI" (ll. 178-79). In this *laisse* the poet alludes to the disastrous consequences of Charlemagne's decision, prior to his description of the deliberations, and labels Ganelon as "the traitor" before the treason is ever conceived.

Illogical tense usage also contributes to the confusion of past, present, and future. Announcements of what is to come are sometimes in the present, as in the examples which I have just cited, sometimes in the preterite, sometimes in the future. In the battle between Marsile's forces and the rearguard, the author intervenes to predict the outcome, using a strange combination of tenses. He begins in the future tense, switches to the present to underscore Charlemagne's grief, then jumps forward into the future and back into the preterite to refer once again to Ganelon's treason and to predict the execution of Ganelon and thirty members of his family at Aix-la-Chapelle:

> Ne reverrunt lor meres ne lor femmes,
> Ne cels de France ki as porz les atendent. AOI.
> Karles li magnes en pluret, si se demente.
> De ço qui calt? N'en avrunt sucurance,
> Malvais servis le jur li rendit Guenes
> Qu'en Sarraguce sa maisnee alat vendre;
> Puis en perdit e sa vie e ses membres;
> El plait ad Ais en fut juget a pendre,
> De ses parenz ensembl' od lui tels trente
> Ki de murir nen ourent esperance. AOI. (1402-11)

Succession in a causal sense, that is, as a chain in which each link is conceptually and factually connected with the other, is also weakened by the inconsistent mixture of present and past tenses to express past action. As Buffin points out, in the Old Epic the variation in tenses depends to a large degree on the requirements of assonance, number, and cesura.[35] Yet these elements do not always explain the choice of tenses, which often appears to be gratuitous. We are told, for example, that Ganelon "was" so handsome that everyone "looks" at him admiringly (ll. 285-86) and that Roland, when attempting to destroy his sword, "saw" that he could not break it and "begins" to lament (ll. 2314-15). The author wavers indiscriminately between present and perfect, the symbolic significance of the action as expressed by the verb being stronger than the indication of time implicit in the finite form.[36] As Peter Burke points out, Johan Huizinga "has suggested that 'the symbolic mentality was an obstacle to causal thought, as causal and genetic relations must needs look insignificant by the side of symbolic connexions.'"[37] The symbolic aspect of events is underlined by the historic present which divests them of their temporal contingencies. The tense stresses permanent notions, permanent states of being.[38]

The historical present intensifies imagery by bringing the past into the present and thus abolishing any practical notion of the passage of time. According to Buffin, frequent use of the historical present indicates a lack of concern for time.[39] In any case, it certainly weakens our impression of events succeeding one another chronologically and thus reinforces the enumerative paratactic process found in the *Roland* and typical of the Old French epic in general.

In the *Roland*, the events of one moment have no propulsive force which demands the next moment. The poem consists of a series of independent pictures, strung together like beads and possessing only a loose causal connection with those that precede or follow.[40] Moreover, the poet gives few analyses or explanations. As Auerbach remarks, "The poet explains nothing, and yet the things which happen are stated with a paratactic bluntness which says that everything must happen as it does happen, it could not be otherwise, and there is no need for explanatory connectives."[41]

As I have already stated, causality is not lacking in the *Roland*, since events follow a more or less logical pattern. Yet motives and causes are rarely mentioned because they are not seen as problematic or in need of evidence. The poet simply juxtaposes related moments in time, laying them end to end. The association of contiguities is the job of the reader or listener.[42]

Temporal continuity is also destroyed by abrupt changes in scene, for which the poet provides no transitions. As Vance points out, "the break between spatial settings in the *Chanson de Roland* is as abrupt as the break between the *laisses* themselves. . . . The *Roland* is hardly a poem of transitions particularly at the level of syntax. Emissaries seem to hop instantaneously from Saragossa to Aix, and Charles can move from one country to another without any apparent lapse of time."[43] The poet switches without warning from the pagan camp to the French, sometimes even in the middle of a *laisse* (cf. 68). He also moves backwards and forwards in time without providing any temporal signposts. As a result there is sometimes a certain confusion in temporal and spatial sequences. A good example of this is provided in *laisses* 55 and 56. *Laisse* 55 begins with a summary of the action from the Franks' point of view. The poet tells us that Charlemagne has conquered Spain and is heading back towards France, leaving behind him his nephew Roland to protect his army from the rear. In the middle of the *laisse*, the poet jumps to a description of the pagans, as they prepare for battle (ll. 709-10). The *laisse* terminates with the statement that 400,000 pagans await the dawn when they will ambush Roland's troops. *Laisse* 56 begins with a short leap backwards in time to the setting of the sun and the events occurring in the French camp. In this passage, the temporal relationship between the two *laisses* remains extremely tenuous.

In the *Roland*, "reprises épiques" and other parallel structures serve to deemphasize the successivity of narrative elements and thus decelerate the passage of time. The famous verses in which Roland attempts to break his sword on a rock well illustrate the way in which *laisses similaires* create a lyrical pause in time. In *laisse* 171, Roland strikes Durendal ten times against a gray stone, but does not even chip the iron. He then praises his sword and vows that the enemy shall never possess it. In *laisse* 172, Roland smites the rock again, with the same results, then begins an elaborate lament in which he gives the sword's history and names the battles which he has won with its aid. At the end of the *laisse*, he repeats his fears that this weapon may fall into enemy hands. *Laisse* 173 begins with a repetition of Roland's futile efforts to destroy his sword and ends with another long speech in which Roland lists the relics embedded in the hilt and vows that it will never be used by a heathen. As Auerbach remarks, in his analysis of *laisses similaires*: "One intense action is replaced by a repetition of the same action, beginning at the same starting point time and again."[44] Although each subsequent *laisse* presents new elements, there is always a repeated return to the point of departure, and it is this recurrent movement backwards that causes time to appear to be standing still.

The prolonging of the privileged moment through repetitive *laisses* and formulas is echoed on a contextual level in the scene where the sun stands still, allowing Charlemagne to overtake and defeat his pagan adversaries (*laisses* 179-180). This passage illustrates another interruption of the normal causal order in which events succeed one another, subject to the contingencies of time. Charlemagne's prayer that the sun stop its course is answered with a miracle. It is a moment of epiphany, when God's grace descends to prolong earthly time and thus to create an unexpected turn of events. Profane time is transcended, and we find ourselves face to face with the eternal. This passage also acts as an "anti-temps" in that it repeats a scene from the Old Testament (Joshua, 10, 12-13), where Joshua, needing extra time in order to overthrow the Amorites, says: "Sun, stand thou still upon Gibeon; and thou, Moon, in the valley of Ajalon." The Bible states that the sun stood still for about a whole day. In keeping with the typological nature of the epic, this reenactment of a Biblical moment constitutes an apocatastasis. It shows that "no event is unique, nothing is enacted but once . . . every event has been enacted, is enacted, and will be enacted perpetually; the same individuals have appeared, appear, and will appear at every turn of the circle."[45]

IV

The third characteristic of time, according to Mendilow, is irreversibility.[46] Since the sequence "earlier" and "later," "past" and "future" can proceed only in one direction, irreversible processes define a unidirectional causal order.[47] Eggs cannot be unscrambled, nor can people return from the dead.

Since irreversibility is a concomitant of sequence, it likewise implies a beginning, middle, and end, the essential component being the end. The horizontal movement towards an end, which reflects the finite quality of secular time, is interrupted in *La Chanson de Roland* by frequent reminders of the eternal. The constant intrusion of sacred time into the time of everyday events creates a static vertical element which contributes to the non-linear paratactic structure of the poem.

The question of the irreversibility of the life processes is never really posed in the *Roland* because we are dealing with a society indoctrinated with a strong belief in an afterlife. The epic hero is not afraid of death. He does not see himself as moving towards an end, but accepts death as an integral part of time. As Auerbach remarks, "The penance laid upon the Franks when they pray and receive absolution before going into battle is to fight hard,"[48] for whoever falls in battle will be considered a martyr and can thus expect a place in Paradise.

In *La Chanson de Roland*, symbolic objects and figures enable man to transcend the limited and strictly contingent horizon of his situation. Angels appear and reappear to counsel and aid Charlemagne and to accompany the souls of those who die in battle to Paradise. The Franks also bear swords and armor which contain sacred relics. These religious tokens and angel archetypes remove man from his own time, from his individual, chronological, historical time, and project him, symbolically at least, into what Eliade calls "the Great Time,"[49] into a moment which cannot be measured because it has no duration.

In the *Roland*, such manifestations of the eternal have their parallel in the pagan world as well. In the course of the first battle, Archbishop Turpin kills Signorel, the wizard who has been to hell and back (ll. 1390-91). Similarly, the pagans bear weapons and armor which were gifts from Satan. The jeweled shield of the Saracen Abisme was first presented to the Emir Galafe at Val Métas by a devil, then transmitted to Abisme (ll. 1502-03).

In the *Roland*, objects and events have no autonomous or intrinsic value. They acquire a value, and in so doing become real, because they participate after one fashion or another in a reality that transcends time.[50] Thus, in the poem, temporal events are the images or symbols of unchanging and atemporal truths. As Calin remarks, "Les batailles de Roncevaux représentent moins la transposition d'un événement historique (la confrontation de deux puissances féodales ou encore un incident dans l'histoire de l'Espagne) que l'expression d'un archétype littéraire de la plus grande importance : la lutte éternelle entre le bien et le mal, le Christ et l'Antéchrist."[51]

V

Adam Mendilow states that all the devices and techniques of fiction reduce themselves to the treatment accorded to the different time values and time series. For Mendilow, "Every work has its own temporal patterns and values and acquires its originality by the adequacy with which they are conveyed or expressed."[52] An analysis of time in *La Chanson de Roland* reveals a static atemporal pattern. That which is immobile or fixed dominates and is reflected in all aspects of the poem: its rigid value scheme, its archetypal characters and settings, its enumerative, paratactic syntax, and its repetitive use of standard motifs and formulas. There is no historical linear progression, no feeling of change or flow. Temporal connections often seem confused and the choice of tenses illogical, precisely because profane time is intimately linked with sacred time. Charlemagne converses freely with St. Gabriel, and, behind each major event, we sense the hand of God. The *Roland* does not reflect our usual sense of the past as different in quality from the present or future. Instead, past fact, present being, and future possibility are fused in a symbolic narrative through which we sense God's eternal present.

NOTES

1. Ricardo J. Quinones, *The Renaissance Discovery of Time* (Cambridge. Mass.: Harvard Univ. Press, 1972), p. 7.

2. Peter Burke, *The Renaissance Sense of the Past* (London: Edward Arnold, 1969), p. 19.

3. Ibid., pp. 1-2.

4. Richard Glasser, *Time in French Life and Thought*, trans. C.G. Pearson (Manchester: Manchester Univ. Press, 1972), p. 17.

5. Ibid., p. 17.

6. Mircea Eliade, *Cosmos and History: The Myth of the Eternal Return*, trans. W.R. Trask (New York: Harper and Row, 1959), p. 175.

7. Marina Scriabine, "Représentation du temps et de l'intemporalité dans les arts plastiques," in *Entretiens sur le temps*, eds. Jeanne Hersch and René Poirier (Paris: Mouton, 1967), p. 283.

8. *La Chanson de Roland*, ed. Gérard Moignet (Paris: Bordas, 1969). All subsequent references will be to this edition.

9. Roberta A. Kunkle, "Time in *The Song of Roland*," *Romance Notes*, 13 (1971-1972), 554-55.

10. Ibid., p. 552.

11. Ibid.

12. The use of a temporal refrain in the *Chanson de Guillaume* is a case in point. See Minnette Grunmann, "Temporal Patterns in the *Chanson de Guillaume*," *Olifant*, 4 (1976), 49-62.

13. Philippe Ménard, "Le Temps et la durée dans les romans de Chrétien de Troyes," *Moyen Age*, 73 (1967), 380-81.

14. Laila Gross, "Time in the *Towneley Cycle, King Horn, Sir Gawain and the Green Knight*, and Chaucer's *Troilus and Criseyde*," Dissertation, University of Toronto, 1967, p. 220.

15. Martín de Riquer, *Les Chansons de geste françaises*, trans. I. Cluzel (Paris, 1957), p. 23; William Calin, ed., *La Chanson de Roland* (New York: Appleton-Century-Crofts, 1968), pp. 12-13; Helmut Hatzfeld, "Esthetic Criticism Applied to Medieval Romance Literature," *Romance Philology*, 1 (1947-1948), 311-12; Eugene Vance, "Spatial Structure in the *Chanson de Roland*," *Modern Language Notes*, 82 (1967), 622.

16. Vance, pp. 604-05.

17. Hatzfeld, pp. 311-12.

18. See Glasser, p. 14.

19. Adam Mendilow, *Time and the Novel* (London: Peter Nevill, 1952), p. 32.

20. Hans Meyerhoff, *Time in Literature* (Berkeley: Univ. of California Press, 1968), p. 1.

21. Descriptions of springtime do occur, however, in certain *chansons de geste*, such as *Le Charroi de Nîmes* and *La Prise d'Orange*. They are similar in function to the springtime motifs found in medieval lyric poetry and are not related to temporal concerns.

22. Eginhard, *Vie de Charlemagne*, ed. and trans. Louis Halphen (Paris: Société d'Edition "Les Belles Lettres," 1947), p. 87.

23. Grunmann, p. 54.

24. Erich Auerbach, *Mimesis* (Princeton: Princeton Univ. Press, 1953), p. 17.

25. Calin, p. 9; Auerbach, p. 87.

26. Auerbach, p. 87.

27. Northrop Frye, *Anatomy of Criticism* (Princeton: Princeton Univ. Press, 1971), p. 139, discusses the function of omens and portents in literature: "The introduction of an omen or portent or the device of making a whole story the fulfillment of a prophecy . . . suggests, in its existential projection, a conception of ineluctable fate or hidden omnipotent will. Actually, it is a piece of pure literary design, giving the beginning some symmetrical relationship with the end, and the only ineluctable will involved is that of the author."

28. Joseph Bédier, *La Chanson de Roland: Commentaires* (Paris: Piazza, 1927), p. 397.

29. Quinones, p. 497.

30. Eugene Vance, *Reading the Song of Roland* (Englewood Cliffs, N.J.: Prentice-Hall, 1970), p. 11.

31. Auerbach, p. 93.

32. Ibid., p. 96.

33. Gérard Genette, *Figures III* (Paris: Seuil, 1972), pp. 77-182; Tzvetan Todorov, *Poétique* (Paris: Seuil, 1968), pp. 52-56; Jean Ricardou, *Problèmes du nouveau roman* (Paris: Seuil, 1967), pp. 161-71.

34. Vance, *Reading the Song of Roland*, pp. 36-37, emphasizes that the poem "tends to deal with effects and not causes."

35. J.M. Buffin, *Remarques sur les moyens d'expression de la durée et du temps en français* (Paris: Presses Universitaires de France, 1925), p. 78.

36. Glasser, p. 16.

37. Burke, p. 20.

38. Buffin, pp. 122-23.

39. Ibid., p. 97.

40. Auerbach, p. 100.

41. Ibid., p. 88.

42. Wayne Shumaker, *Literature and the Irrational* (Englewood Cliffs, N.J.: Prentice-Hall, 1960), p. 61, states that the language of more primitive peoples, as well as the thought and speech patterns of children, is marked by a lack of causal connectives.

43. Vance, "Spatial Structure," p. 607.

44. Auerbach, p. 91.

45. Henri-Charles Puech, "Gnosis and Time," in *Man and Time: Papers from the Eranos Yearbooks*, Bollingen Series XXX, vol. 3, ed. Joseph Campbell (New York: Pantheon, 1957), p. 41.

46. Mendilow, p. 32.

47. Meyerhoff, p. 20.

48. Auerbach, p. 88.

49. Eliade, p. 174.

50. Eliade, pp. 3-4, discusses the symbolic value of objects in archaic societies.

51. Calin, p. 11.

52. Mendilow, p. 63.

Jean-Marcel Paquette

Le Texte en métamorphe:
Contribution à une poétique des laisses similaires d'après six versions de la "scène du cor" de la *Chanson de Roland*

Des sept manuscrits qui nous livrent les versions relativement complètes de la *Chanson de Roland*, six sont plus ou moins lacunaires en tel ou tel point du récit; les sept cependant offrent l'avantage de comporter tous la séquence des laisses similaires de la scène dite "du cor." Le manuscrit de Châteauroux double cet avantage en nous la présentant, par exception, deux fois sous des formes assez dissemblables pour que l'écart soit jugé pertinent et justifie la numérotation inhabituelle en C_1 et C_2. Deux versions ont été écartées: celle de V_7, parce qu'elle ne s'écarte guère de C_2, et là où elle le fait, elle est inutilisable dans notre perspective; enfin, celle de Lyon, parce qu'elle reprend à la lettre près le manuscrit P. La version de T a été retenue malgré une assez substantielle lacune qui, comblée, n'eût sans aucun doute infirmé en rien les thèses et propositions qui seront énoncées plus avant. Nous nous retrouvons donc devant six versions à variantes suffisamment significatives pour exiger qu'on les analyse et qu'on leur donne un sens.[1] Il ne sera pas tenu compte des traits distinctifs dûs à la dialectalisation plus ou moins exotique de tel ou tel manuscrit.

L'apparition de toute structure pouvant être identifiée comme séquence de laisses similaires contribue de façon privilégiée à

former, au sein de la narration épique, une stratégie lyrique—
dans la mesure où, en un premier temps, il sera justifiable d'affirmer que le lyrique vient s'opposer significativement au narratif;
dans la mesure, aussi, où le lyrique peut être reconnu à la présence d'un complexe de processus justifiant qu'on le définisse
comme *du langage* qui tend vers *de la musique*. Pour ce faire,
deux processus sont, alors, à l'œuvre: d'une part, *l'accroissement*
des éléments formels redondants, qu'il convient d'appeler *récurrences*—la récurrence étant une répétition douée d'une fonction
signifiante spécifique; d'autre part, en corollaire, la *régression*
des charges proprement sémantiques (ou désémantisation progressive), phénomène complexe au terme duquel ce n'est pas le
sens qui est répété, mais la répétition elle-même qui se constitue
comme élément de signifiance à fonction rythmique, c'est-à-dire
musicale.

L'essence même de la musique, nous disent aussi bien les théo-
riciens de l'Antiquité que les acousticiens modernes, s'identifie
au *nombre*. Et c'est en terme de nombre que nous interrogeons
d'abord les textes divers de notre corpus. Qu'y pouvons-nous
enregistrer en toute objectivité? D'abord l'étonnante régularité
de O: trois laisses, comportant, la première dix vers, la seconde
onze et la troisième douze, soit une dilatation très régulièrement
rythmée à progression algorithmique conduisant l'entier de la
séquence à la plénidute du nombre 33. Cette singulière symétrie
suffirait déjà, si ce n'était déjà fait par une critique moins que
récente, à réfuter la croyance au régime de coalescence dont on
s'était plu, au siècle dernier, à vouloir marquer les ensembles de
laisses similaires. Mais la manifestation, ici, d'une telle structure
n'apparaît dans toute sa singularité que si on est en mesure de la
comparer à d'autres versions du même texte—et l'on peut affirmer que sur ce point les versions de la *Chanson de Roland* présentent un corpus à peu près unique dans la littérature où mettre
à profit les assertions théoriques sur l'intertextualité et les diverses mutations esthétiques-idéologiques que le temps et les lieux
font subir à un même et unique schéma fondamental de narration.

Qu'advient-il en effet de cette si parfaite symétrie nombrée
de O lorsque sa forme passe en un autre lieu de narration qui est

V_4 ou C_1? V_4 comporte un vers en moins, soit 32 qui se succèdent en trois laisses de, respectivement, treize, neuf et dix vers, c'est-à-dire une suite numérique où il est impossible de déceler une ébauche de quelque ordre que ce soit.

C_1 procède dans une égale anarchie numérique: 31 vers, un de moins qu'en V_4, avec une suite non-significative de dix, douze et neuf vers. O, V_4 et C_1 forment néanmoins un ensemble si l'on considère la décroissance algorithmique 1 de O à V_4, puis de V_4 à C_1 (33〉32〉31). Cette petite comptabilité suffit à désamorcer l'assertion critique selon laquelle les versions postérieures à O présentent une tendance commune à la dilatation du récit. Il convient plutôt de reconnaître et de diagnostiquer ici une sorte d'anémie progressive. Ce qui n'est pas le cas du groupe C_2, P et T (?) où prévaut plutôt un phénomène qui ressemble à l'entropie: C_2 livre le même récit que O en 57 vers, dans une suite anarchique de 22, 16, et 19 vers; P, en 58 vers (24, 16, 18); T, lacunaire, reste muet, mais on peut supposer (au rythme où allaient les choses) que la progression entropique 1 allait le porter peut-être, n'eût été sa lacune, à quelque 59 vers!

La désarticulation de V_4 et C_1 d'une part, de C_2, P et T d'autre part, dans leur rapport à O, pourrait bien être due, dans une mesure significative, à une sorte de séisme qui se produit en chacun d'eux et qui est de nature essentiellement phonologique. Remarquons, en effet, que O, fondé sur l'assonance, présente une régularité significative dans la progression des sonorités, d'une laisse à l'autre: /o/ → /e/ → /ã/, soit un passage savamment ménagé d'une voyelle *orale mi-fermée postérieure*, /o/, à une voyelle *orale mi-fermée antérieure*, /e/, puis à une voyelle *nasale ouverte antérieure*, /ã/, le circuit allant d'une aperture limite (/o/) à une autre aperture limite (/ã/) en passant par une aperture intermédiaire (/e/). Le dessin ainsi formé va d'un point à l'autre d'un triangle parfait à l'intérieur du trapèze vocalique.

V_4 et C_1, par un séisme qui semble dû en apparence à l'intervention des deux dernières laisses, tendant déjà vers la rime par l'appui consonantique du /r/ dans la première laisse, proposent quant à eux le circuit /o‿(r)/ → /ã/ → /e/: le tracé du triangle parfait de O reste ici inachevé, béant, ouvert entre les voyelles orales mi-fermées, /o/ postérieure et /e/ antérieure.

Quant au groupe C_2, P et T (?), déjà entièrement livré à la rime, il déploie sa triade de laisses sur une seule sonorité, /e/, où la diversification n'apparaît que dans la graphie -ez, -ée, -er. Le séisme phonologique survenu en V_4 et C_1 devient ici une véritable érosion due à la prédominance de la variation graphique.

Nous n'avons pas encore perdu de vue que tant de mutations —pour ne pas dire encore: de métamorphoses—s'opèrent sur la base d'un même canevas narratif fondamental. Et nous voici en mesure d'aborder l'appareil plus proprement sémantique et narratogénique de nos textes.

Pour qu'il y ait musique, il faut d'abord que se manifeste le rythme, c'est-à-dire une certaine forme de retour, fondé sur la périodicité d'apparition d'un élément formel donné. Mais le retour du même, en un certain ordre de périodicité, ne saurait assurer à lui seul que l'amorce d'une musicalité très élémentaire: le complexe musical n'a lieu à vrai dire que lorsque dans la périodicité s'installe *la variance*. Une suite de notes d'égale valeur ne saurait jamais, quel que soit leur timbre et quelles que soient leurs fréquences, constituer une mélodie; celle-ci suppose, dans la régularité de base du rythme, des silences, des disjonctions de temps, des syncopes qui sont autant de *variances* dans la rythmicité fondamentale. Ainsi en est-il du langage qui tend à se constituer en discours lyrique. Le seul fait de la répétition en trois laisses consécutives d'un même schéma narratif de base contribue déjà à faire d'une séquence de laisses similaires un moment particulier de la narration épique où celle-ci se replie momentanément sur elle-même et se métamorphose en lyrisme. Mais cette macro-récurrence comportera nécessairement un certain nombre de micro-récurrences, c'est-à-dire qu'un élément formel étant donné dans l'une des trois laisses, ou bien il sera significativement remplacé dans les deux autres par l'équivalent d'un silence, ou bien se verra soumis à une mutation de type lexical, morphologique ou syntaxique, de sorte qu'au terme de la séquence et malgré une monotonie répétitive apparente, c'est tout l'ensemble qui se sera métamorphosé en figure lyrique et qui aura jusqu'à un certain point transformé de l'intérieur la narration épique elle-même.

Isolons dans l'ordre où ils se présentent les divers éléments de O. Nous obtiendrons ainsi une figure d'analyse que nous pourrons comparer à ce qui se passe dans les cinq autres versions et qui confirmera *a posteriori* la puissante architecture de O.

I

L'attaque de chacune des trois laisses est marquée, dans la première par l'intervention du narrateur (Dist Oliver), dans les deux autres par un discours direct réitéré (Cumpainz Rollant - Cumpainz Rollant). Cette structure purement rythmique est, de plus, doublée par la structure sémantique qui oppose les deux personnages d'Olivier et de Roland, opposition qui constitue l'étymon sémantique même de toute la séquence. Ici la cohérence du rythmique et du sémantique est parfaite. V_4 et C_1 conservent la même structure d'attaque des trois laisses, à ceci près, que V_4, à la seconde apparition du discours direct propose "Conpagnun Rollant" au lieu du "Conpang Rollant" de la deuxième laisse, instituant ainsi une variante qui dépasse la simple variation dialectale en brisant (mais si peu encore) le système de la récurrence parfaite tel qu'il est apparu en O, déséquilibrant du même coup le rythme 4-6 caractéristique du vers épique. Voyons ce qui se passe dans le groupe T, C_2 et P. T substitue à la brève intervention du narrateur (Dist Oliver) une intervention légèrement dilatée (Dist Oliver, le preux et ly membrez)—cette dilatation, en apparence bénigne, fondée sur une technique bien connue de la chanson de geste qui est le schème formulaire, constitue néanmoins un élément de désagrégation de la cohérence d'origine, car elle attribue à Olivier une qualité (le preux) qui sert en O à caractériser habituellement le personnage de Roland (Rollant est preux et Oliver est sage—vers qui se situe précisément juste à la suite de la séquence qui nous retient). T conserve la même attaque à la deuxième laisse (Dist Olivier) en variant toutefois le schème formulaire (. . . a la chiere membrée): il brise du même coup à la fois la structure "narration - discours direct - discours direct" et la structure du pairage Olivier-Roland telles que nous les avons identifiées dans le groupe formé de O, V_4 et C_1. Quant à C_2 et P, ils ne présentent plus aucun élément rythmé. L'attaque de la première laisse, constituée par une narration encore inouïe et longue de trois vers, l'attaque de la deuxième (qui venait en premier lieu dans tous les autres textes) et l'attaque de la troisième (Sire compains) n'offrent plus aucune sorte de cohérence. Ainsi le système rythmique et sémantique parfait que nous avons répéré en O, intégralement repris en C_1, si légèrement modifié en V_4, commence à se désagréger en T, pour n'offrir plus, en C_2 et P, qu'un vestige lointain de ce qui a été une organisation.

Le texte a peu à peu perdu sa constitution lyrique et jusqu'aux éléments qui orientaient sa signification à travers le conflit d'Olivier et de Roland: une fois sur deux en T, toujours en C_2 et P, Roland n'est plus nommé que "Sire compains."

II

"Kar sunez vostre corn" - "l'olifan car sunez" - "sunez vostre olifan." L'élément stable de cet hémistiche est manifestement "sunez"—qui trouve néanmoins sa variance dans la position qu'il occupe dans l'énoncé: à l'attaque dans la troisième occurrence, à l'assonance dans la deuxième, en position intermédiaire dans la première.

Autour de cette stabilité, qui est le foyer même du sens de l'énoncé, tous les éléments varient. D'abord l'impératif avec la particule "kar" est employé deux fois, sans particule une fois, respectant le rythme 1-1-2 auquel nous avons déjà soumis l'élément "narrateur - discours direct - discours direct."

Selon la même structure, le possessif *vostre* est employé deux fois, contre une fois l'emploi du défini *l'*; *corn* une fois, *olifan* deux fois, introduisant ici une première mutation de type lexical. L'un des éléments de "*vostre* corn" se combine à l'un des éléments de "l'*olifan*," pour aboutir à la formule condensée "vostre olifan" de la troisième occurrence. On invoquera sans doute la nécessité de l'assonance pour justifier ces variances, mais voyons ce qu'avec les mêmes données le poète de V_4 a réussi à ne pas faire: d'abord l'alternance des impératifs (un avec *car*, deux sans particule) a été abolie au profit d'une excroissance (ber) ajoutée à la deuxième interpellation de Roland. L'alternance *corn - olifan - olifan* qui formait rythme en O est remplacée par une variance d'où toute instance réitérative et par conséquent rythmique est absente: *corn - olifant - meslée*. C_1 suit V_4 dans la même voie qui conduit à la désagrégation du sens—sens qui en O est inscrit dans l'appareil même du langage.

En T, l'impératif directement adressé à Roland se voit substituer un commandement fortement atténué et impersonnel: "Vostre olifant convient sur eulx sonner": il ne s'agit même plus d'appeler Charles mais de sonner *sur l'ennemi*. C_2 et P vont encore plus loin dans la dépersonnalisation de l'impératif par l'emploi du conditionnel atténuatif: "Vostre olifans se il estoit sonez"; et à la troisième occurrence: "que le faitez sonner," où le sujet n'est plus en contact avec l'action principale que par l'intermédiaire du verbe *faire*. C'est ainsi que d'un texte à l'autre, dans le temps, se détériore, selon des lois bien connues de la théorie de la transmission d'une communication, le message initial.

III

"Si l'orrat Carles": nous voici devant le seul élément qui d'une laisse à l'autre en O ne sera soumis à la variance ni dans sa formulation ni dans sa position. Cette permanence a elle-même sa signification: il est en effet question de Charles qui est le centre de l'univers révélé par le récit et le garant de toute stabilité. On sait que le soleil lui-même, signe par excellence de la stabilité de l'univers, immobilisera sa course lorsque l'Empereur le lui commandera. La centricité de Charles est supérieure à celle du soleil même. Or, ici le principe, partout ailleurs respecté, de la variance à effet rythmique, ne parviendra plus à faire se transformer ou se déplacer l'élément linguistique où Charles se trouve pour la première et unique fois nommé. V_4 respectera à la lettre cette immobilité. C_1 introduit déjà la variation: "Quant l'ora Charlles - Si l'orra . . . Si l'orra . . . ."

T omet à la première occurrence la particule "si," renonçant ainsi à l'exacte symétrie de la répétition, puisque la seconde occurrence comportera la particule; il renonce de même à l'inversion du sujet au profit de la formule "Charles l'orra"; la seconde occurrence étant conforme à la formule de O, T aura réussi, en si peu de texte, à ne produire qu'une dissymétrie absolue.

De même feront P et C_2 dès la première occurrence par l'anté-position du sujet; ici, de plus, le futur résolument confirmatif de O se transformera en conditionnel, atténuant ainsi singulière-ment l'attente espérée. Non seulement Charles n'est plus, à même le langage, le cœur stable de l'univers rolandien, mais son action elle-même est présentée comme *pouvant* mais pas néces-sairement comme *devant* se produire. C_2 ira plus loin dans la détérioration du sentiment de sécurité qui doit à ce moment sai-sir les protagonistes: la troisième occurrence pose manifestement un doute: "Se .K. l'out": si Charles vient à l'entendre.... Là où O donne à l'invariance d'un élément une signification particulière-ment cohérente, C_1, T, C_2 et P introduisent le principe de la mutation que par ailleurs ils ne respectent pas toujours là où O en fait le fondement même de l'apparition et de l'orientation du sens.

Considérons le second hémistiche de ce même vers. Autour de l'étymon "retour de l'armée," O opérera un véritable com-plexe de variations morphologiques et syntaxiques propre à assurer la permanence du sens à travers la métamorphose ryth-mique qui est le principe même de la variation à incidence lyrique. "Si returnerat l'ost": l'armée reviendra. La deuxième occurrence pose l'étymon "retour" sous la forme de l'infinitif renvoyé à l'assonance; le sujet n'est plus l'*ost* mais *Carles*; quant à la troisième occurrence, c'est tout l'hémistiche qui se déplace au vers suivant, et le sujet devient *Franc*, sujet collectif équiva-lent à l'*ost* des occurrences précédentes. Sous la permanence de l'étymon "retour," donc, se manifestent trois morphes: *retur-nerat* (futur singulier), *returner* (infinitif), *returnerunt* (futur pluriel): les rythmes 1-2-2, 1-1-2 et 1-2-1 selon qu'il s'agit du temps des verbes, de leur position, du sujet ou de la situation de l'hémistiche, s'entrecroisent en un complexe d'entrelacs qu'au-cune autre version ne sera en mesure de reproduire. Faute de pouvoir rendre cette complexité qui donne au lyrique sa densité, toutes les autres versions miseront plutôt sur la production de schèmes formulaires qualifiant la personne de Charles. Les allusions à l'armée passent dans le vers suivant sous les formes les plus diverses (C_1 va jusqu'à occulter totalement la présence de l'armée). Toutes les versions autres que O se limitent à deux occurrences sur ce sujet, détruisant ainsi le rythme ternaire propre à la séquence de laisses similaires. V_4, donc, à l'hémistiche du vers où apparaît le nom de Charles donne: "che est passé al port," puis "chi est al port passant" (commettant ici un non-sens puisque si Charles est "passé," il ne peut plus être "passant"), puis finalement "de França l'inpérée," cheville formulaire sans conséquence dans l'élaboration du sens. C_1 offre "retornera alor," faisant de Charles le sujet du retour là où ce retour, en O, était présenté comme le fait collectif de *toute* l'armée. T, P et C_2, contaminés à l'extrême par l'emploi des schèmes formulaires, font de Charles "nostre bon roy couronnez," "li fors rois coronez," "le roi encoronez"—ce qui imprime à l'ensemble le caractère d'un substrat idéologique misant sur un renforcement de la qualification d'un personnage (Charlemagne) déjà soumis au processus de formation d'une légende nationale. O plus sobre dans sa qualification du roi, n'a pas encore besoin de ce procédé pour imposer comme primordiale la figure de l'Empereur.

IV

"Respunt Rollant": c'est la seconde intervention du narrateur en O. La variation qu'il lui fera subir, portera principalement sur la position que l'élément occupe dans le vers: deux occurrences au premier hémistiche; à la troisième, l'élément est renvoyé au second hémistiche avec une légère variation (ço li respunt Rollant), confirmant ainsi la récurrence irrégulière 1-1-2 dans sa fonction rythmique. V_4 présente la plus grande irrégularité: "Respont li cont" - "dist le cont Rollant" et "ço dis Rollant," conservant toutefois un certain rythme de position 1-2-1. A la première occurrence Roland n'est même pas nommé, ce qui détruit la symétrie des deux interventions du narrateur: "Dist Oliver" - "Respont Rollant," où les deux héros antagonistes se trouvaient d'emblée manifestés dans leur nom. V_4 a privilégié la fonction (li cont) au détriment de la nomination. C_1 est conforme à O, si l'on tient compte du rythme renversé 1-2-1. La lacune de T nous interdit d'en parler. Quant à P, il est pour une fois le plus conforme à O, respectant syntaxe et position avec une belle régularité rythmique.

C_2 est le plus incohérent: rétablissement de l'antéposition du sujet à la première occurrence; sujet postposé à la seconde, mais avec le verbe *out* au lieu de *respunt*. La position rythmique 1-1-2 est toutefois respectée, mais perd sa densité et sa signification à cause des cellules contaminées que nous venons de lui découvrir.

V

Et nous voici au cœur de la séquence: la réponse de Roland. Cette réponse prend la forme d'une argumentation qui, en O, constituera l'élément le plus variant de tout l'ensemble, tout comme la mention de Charles en était l'élément le plus stable. Après un préambule d'un hémistiche respectant le rythme 1-2-2 ("Jo fereie que fols!" "Ne placet Damnedeu . . . ," "Ne placet Deu . . ."), les deux derniers opérant une variation quant à leur position respective (second hémistiche-premier hémistiche), l'argument le plus variant croîtra d'une laisse à l'autre à la cadence de l'algorithme 1:

"En dulce France en perdreie mun los"	1 vers
"Que mi parent pur mei seient blasmet Ne France dulce ja cheet en viltet"	2 vers
"Que ço seit dit de nul hume vivant Ne pur paien, que ja seie cornant! Ja n'en avrunt reproece mi parent!"	3 vers

Néanmoins le rythme d'apparition des étymons persiste dans ce bouillonnement de métamorphoses à respecter une certaine structure rythmique marquée: silence-1-1, ou 1-silence-1, ou silence-1-silence. Voici comment. La première argumentation est fondée sur le *los*, l'honneur, la réputation; la deuxième sur la parenté et la patrie; la troisième, sur l'honneur et la parenté. Si bien que pour chaque élément nous retrouvons notre structure: los-silence-los, silence-parenté-parenté, silence-France-silence.

Ce dernier point d'ailleurs mérite d'être reconsidéré car l'élément "France dulce" qui sert d'argument à la deuxième laisse, était déjà apparu mais seulement comme élément circonstantiel. O ne s'en sert pas moins comme élément de la fonction permanence-variance en opérant un léger renversement syntaxique, et au "dulce France" de la première laisse vient répondre le "France dulce" de la deuxième.

Puisque nous voici, avons-nous dit, au cœur même de la séquence, c'est au traitement de ce passage par les autres versions que nous verrons le mieux la qualité de la constitution de O. V_4 présente un problème qui dépend en partie de la solution philologique qu'on lui donnera: il s'agit du mot *lois* de la première argumentation. S'agit-il d'une simple dialectalisation de *los*, ou encore du mot *loi* dans le sens de *religion*? Quoi qu'il en soit, nous constatons d'emblée que ce n'est plus Roland qui risque de perdre sa *lois* mais "França dolce," ce qui réaménage singulièrement l'idéologie du texte. En effet, l'honneur du héros n'apparaît qu'à la seconde argumentation sans que le mot soit prononcé; et le héros, comme à court d'argumentation, n'aura plus aucune raison à proposer à la troisième laisse. V_4 ne connaît pas non plus la parenté.

C_1 ne connaît pour sa part que l'honneur du héros: le mot et son argument reviennent à chaque laisse. La patrie ne fait plus partie de l'argumentation. Quant à la parenté, elle n'apparaît qu'une fois, en second lieu de la deuxième argumentation.

T, malgré sa lacune, contient les trois étymons, mais dans un ordre qui n'a plus rien à voir avec celui de O dont la deuxième argumentation "parenté - France" devient ici la première (au détriment de la précellence de l'honneur du héros); T d'ailleurs substitue à la notion de parenté celle, très proche, d'*amis*.

P mise d'abord sur la parenté pour ensuite faire allusion à l'honneur sans toutefois que jamais le mot *los* ni le mot *honor* soient expressément donnés. Les trois étymons de l'argumentation apparaîtront toutefois dans la dernière laisse sans qu'aucun rythme réel ne préside à son développement. C_2, pour sa part, ignore totalement la notion de parenté pour ne miser plus que sur celle d'*honneur héroïque* et, tout à la fin, comme ultime argument, manifester l'attachement à la patrie.

A la triade "honneur - famille - patrie" qui sert, en O, de fondement idéologique à l'argumentation de Roland, aucune autre version ne viendra correspondre tout à fait, l'une occultant l'honneur du héros, l'autre la patrie, une autre renforçant l'argumentation par le lignage, comme si en d'autres temps ou d'autres lieux l'idéologie avait perdu de sa cohérence et partant de là de sa puissance à produire un texte. Il semble, en effet, y avoir une naturelle et réciproque dépendance entre l'idéologie qui produit le texte et la validité de la structure esthétique par laquelle le texte se manifeste. C'est ici en tout cas qu'on voit le mieux à l'œuvre le travail désintégrateur de l'entropie.

Beaucoup plus important que la triple argumentation de Roland cependant semble devoir être, pour les autres versions que O, le développement à caractère religieux issu d'un élément qui toutefois se trouvait déjà en O. Il s'agit de l'expression "Ne placet Deu." V_4 précise qu'il s'agit de "Deo, mon pere" et poursuit l'invocation par l'introduction du nom de "santa Maria, la soa dolce mere." C_1 était déjà plus sombre en qualifiant Dieu de "lo pere" au lieu de "mon pere" et en appelant Marie de son nom sans la qualifier de "sainte."

Cette amorce de dilatation du texte n'avait lieu toutefois en V_4 et C_1 qu'à la dernière laisse. T, C_2 et P, d'emblée, dès la première laisse, entament un long développement de, respectivement, six, cinq et cinq vers sur le thème non plus de Dieu *le père*, mais de Dieu *le fils*.

Le développement de T est si long que le texte doit rappeler au terme de l'enfilade des titres divins que la syntaxe de "ne plaise" renvoie à "cellui donc vous ouy avez." C'est ici sans aucun doute que l'entropie, pourtant à l'œuvre dans les versions autres que O, atteint sa limite supérieure; et il est significatif que cette entropie porte précisément sur un élément sémantique qui n'a rien à voir avec le noyau de la séquence.

C'est ainsi que C_2 et P, qui ont le plus tendance à dilater la narration, sont les seules versions à ajouter ces quatre vers de la deuxième laisse par lesquels Olivier décrit la "gent d'Espaingne" apprêtée au combat. Constatons du même coup que la tendance à la prolifération de C_2 et P porte sur l'élément *religieux* et l'élément *guerrier*, deux domaines où O, V_4 et C_1 sont, du moins dans cette scène, plutôt discrets, préférant donner au tableau une dimension plutôt psychologique et, par la structure même du langage, placer cette dimension psychologique dans une perspective lyrique.

VI

"Ferrai de Durendal": toutes les versions sont ici d'accord sur le traitement de cet élément. V_4 l'omet à la deuxième laisse, mais on peut raisonnablement croire qu'il s'agit ici d'une lacune due au scribe. Les seules variations d'un texte à l'autre semblent être commandées par l'appel de l'assonance ou de la rime. Voyons tout de même la régularité de fonctionnement rythmique à partir du texte de O. Deux fois l'expression occupe la même position dans le vers—à la troisième, l'expression est scindée en deux: "ferrai" engendre "e mil colps e .VII. cenz," expression elle-même variée des éléments "assez" et "granz colps" des laisses précédentes; d'autre part, "de Durendal" est renvoyé au premier hémistiche du vers suivant. Se trouve ainsi assuré, dans la variance, le rythme ternaire de l'apparition de l'élément "ferrai de Durendal."

VII

Même rythmicité en O pour "sanglant - ensanglentet - sanglent," le rythme 1-2-1 étant, de plus, doublé du rythme de position 1-2-2 (début du vers-assonance-assonance). De même pour l'élément *épée*: "branz - brant - acer" (1-1-2) doublé en contrepoint du verbe qui l'accompagne: "*ert* - verrez - verrez" (1-1-2). P et C_2 pour l'élément "sang" offrent une monotonie morphologique et de position (*ensanglentez*, toujours à la rime), alors que pour l'élément "épée" C_2 va très loin dans la décomposition en donnant "braz - poing - brant." Une lacune manifeste a lieu à la deuxième laisse de P.

VIII

Le vers suivant, en O ("Felun paien mar i vindrent as porz") a son répondant avec variance à la deuxième laisse ("Felun paien mar i sunt asemblez"), alors que le vers correspondant, à la troisième laisse, présente une modification d'envergure: "Franceis sunt bon si ferrunt vassalment," opposant ainsi, à même la structure rythmique 1-1-2, les collectivités ennemies selon la dichotomie ailleurs posée: "Paien unt tort, chrestien unt dreit." Remarquons aussi la métamorphose subtile et ordonnée du temps des verbes dans ce vers: passé-présent-futur. V_4 et C_1, compte tenu de l'intervention de la deuxième et de la troisième laisse, conservent à peu de détails près la structure de O. V_4 ne la détruit que par l'introduction, dans la première laisse, de "Nostri François li farunt ad esforç," et C_1 par le futur de la première occurrence.

Quant à P, il introduit un élément magique: "Touz nos ont enchantez." En C_2, le vers correspondant n'occupe visiblement sa place inattendue que par la bourde d'un scribe.

IX

"Je vos plevis," en O, se trouve à chaque laisse en début de vers: on pourrait croire qu'il s'agit d'une répétition parfaite, mais le rythme qui fait variance ici est dans la distribution du locuteur: Roland le dit deux fois, Olivier une fois; les occurrences se trouvent d'ailleurs toutes trois au dernier vers du discours direct de chacun des personnages. V_4, qui réduit à deux les occurrences, comporte un vers qui ne déparerait pas O et qui d'ailleurs se retrouve en finale de séquence de toutes les autres versions: "Meio voi *morir* cha França sia blasmée."

Ce "morir," d'ailleurs, vient introduire une variation morphologique là où O jouait rythmiquement, en fin de chaque laisse, sur l'expression "a mort"–"a mort" et "de mort," avec variation rythmique de la position (1-2-2). P et C_2 font de ce vers une sorte de refrain de ballade: on le retrouve à la fin des deux premières laisses—juste assez pour que ne soit pas respecté le rythme ternaire.... En guise de troisième occurrence, P et C_2, jouant sur la variation morphologique "morir - mors" produiront un vers d'effet assez comique: "Parmi les mors les convendra passer" ou "Parmi la mort les estoura aler." Enfin, il n'est pas jusqu'à l'énigmatique AOI qui ne s'intègre à cette structure 1-1-silence, alors qu'il apparaît à la fin des deux premières laisses. Aucune autre version, on le sait, ne connaît même cette mystérieuse graphie.

Qu'est-ce à dire en termes de conclusion?

Que si la structure globale qui engendre le récit de la *Chanson de Roland* se manifeste partout à travers une opposition binaire, depuis le champ macrocosmique "Chrétienté - Islam," en passant par le plan intermédiaire et social qui oppose Ganelon à Roland, et jusqu'au goulot psycho-affectif que constitue ici la relation problématique d'Olivier et de Roland, l'art de O, plus particulièrement à l'occasion stratégique de la séquence de laisses similaires, vient ponctuer ce complexe donné d'oppositions binaires, d'un contrepoint rythmique fondé, lui, sur la récurrence ternaire dont l'effet est d'abolir le récit et d'instaurer le lyrisme.

Que toute opération disjonctive dont le résultat est d'éloigner V_4, C_1, C_2, P et T de la version d'Oxford agit dans le sens d'une détérioration de la cohérence de celui-ci; la moindre mutation lexicale, syntaxique ou morphologique entraîne un réaménagement qui affecte la totalité du métabolisme de l'équilibre énergétique, bref du système qui préside à la constitution esthétique à l'œuvre en O.

Que O, de l'intérieur, se métamorphose, selon un rythme de récurrences qui est la poésie même.

Mais que le passage de O à toute autre version, est, pour emprunter un terme à la biologie, non pas une *métamorphose* (c'est-à-dire de type magico-incantatoire), mais une véritable *mutation* (c'est-à-dire de l'ordre de l'organique).

Que sur un même récit-archétypique, la seule qualité de la "conjointure" contribue à engendrer des signifiances diverses allant du plain-sens (comme on dit du plain-chant) jusqu'au *non-sens*.

Que la variante, qui est le mode spécifique de transmission du texte médiéval, est ici plus qu'une variante: un véritable processus de prolifération au terme duquel le message initial se perd dans le bruit.

Qu'enfin, après avoir traditionnellement débattu de la *précellence* d'Oxford, la critique est une fois de plus en mesure d'applaudir Turold pour sa très exclusive *excellence*.

NOTE

1. Les sigles utilisés sont les suivants:

O	manuscrit d'Oxford
V_4	manuscrit de Venise
P	manuscrit de Paris
L	manuscrit de Lyon
T	manuscrit de Cambridge
V_7	manuscrit de Venise
C	manuscrit de Châteauroux

Pour les textes de ces versions, voir notre appendice. Nous utilisons l'édition de Raoul Mortier, *Les Textes de la Chanson de Roland* (Paris: Editions de la Geste Francor, 1940-1944), 10 vols.

APPENDICE

Les textes de la "scène du cor"
d'après l'édition de Raoul Mortier

O

LXXXIII

Dist Oliver: "Paien unt grant esforz;
650   De noz Franceis m'i semblet aveir mult poi!
Cumpaign Rollant, kar sunez vostre corn:
Si l'orrat Carles, si returnerat l'ost."
Respunt Rollant: "Jo fereie que fols!
En dulce France en perdreie mun los.
655   Sempres ferrai de Durendal granz colps;
Sanglant en ert li branz entresqu'a l'or.
Felun paien mar i vindrent as porz:
Je vos plevis, tuz sunt jugez a mort." AOI.

LXXXIV

—"Cumpainz Rollant, l'olifan car sunez:
660   Si l'orrat Carles, ferat l'ost returner,
Succurat nos li reis od tut sun barnet."
Respont Rollant: "Ne placet Damnedeu
Que mi parent pur mei seient blasmet
Ne France dulce ja cheet en viltet!
665   Einz i ferrai de Durendal asez,
Ma bone espee que ai ceint al costet:
Tut en verrez le brant ensanglentet.
Felun paien mar i sunt asemblez:
Je vos plevis, tuz sunt a mort livrez." AOI.

LXXXV

670   —"Cumpainz Rollant, sunez vostre olifan:
Si l'orrat Carles, ki est as porz passant.
Je vos plevis, ja returnerunt Franc."
—"Ne placet Deu," ço li respunt Rollant,
"Que ço seit dit de nul hume vivant,
675   Ne pur paien, que je seie cornant!
Ja n'en avrunt reproece mi parent!

Quant jo serai en la bataille grant
E jo ferrai e mil colps e .VII. cenz,
De Durendal verrez l'acer sanglent.
680   Franceis sunt bon, si ferrunt vassalment;
Ja cil d'Espaigne n'avrunt de mort guarant."

V₄

81

Dist Oliver: "Païn ont grant ensforç;
985   De nos François me resembla aver poche.
Compagnon Rollant, car sonçe vestre corn:
Si l'oira Çarles, che est passé al port.
Secorera nos li rois al son estorç!"
Respont li cont: "Ça farai come fol!
990   E França dolce n'oit perder sa lois,
Se por païn ça sones mon cornu.
Ançi li feriro de Durindarda grant colp;
Sanlgoit n'est li brant entresque al l'or.
Nostri François il farunt ad esforç;
995   Fellon païn mallor passoit al port:
E vos ploris, tut son çuçé a mort."

82

—"Conpa[n]g Rollant, ber, sone l'olifant:
Si l'oira Çarles chi est al port passant.
Eo ve prometo, ça torneront li Frant."
1000   —"Ne plaça Deo!" dist le cont Rollant,
"Che por païn soni mon olifant!
Avant verez la batailla si grant,
Che Durindarda verez l'acer sanglant.
François feriront, se Deo plait, nobelmant;
1005   E cil de Spagna da mort n'aurant garant."

83

—"Conpagnun Rollant, sonçe la meslée:
Si l'oira Çarlo de França l'inperée;
L'ost de François ont fara retornée,
Secorent nos in l'estraçe contrée."
1010   Ço dis Rollant: "Ne plaça Deo, mon pere,
Ne santa Maria, la soa dolce mere,

Ançi li feriro de Durindard ma spée,
E tresqu'al pung si ert insanglitée;
Fellon païn mal sont asenblée.
1015 Meio voi morir cha França sia blasmée!"

C₁

C$_1$

92

Dist Oliver: "Paien ont grant esfor;
De nos François me scembla mult pouc avor!
Conpeing .R., car sonez vostre cor:
1425 Quant l'ora Charlles, retornera alor."
Respont .R.: "Trop fous seroie lor!
En douce France en perdroie m'onor.
Ainz i ferai grans cous de Durendor;
Sanglanz en ert li brans deci a l'or.
1430 Felon paien mal montera as por:
Ge vos plevis, toz sunt jugé a mort."

93

—"Conpeign .R., car sonez l'olifant:
Si l'orra Charll'., qi est as poz pasant.
Je vos plevis q'il tornera esrant."
1435 —"Ne place Deu," ce li respont .R.,
"Qe ja un jor por home m'espavant,
Ne por paiens ne vel estre cornant!
Ja n'en aront reprocie mi parant!
Quant je serai en la bataille grant,
1440 Je i ferai mil cols et plus de zant:
De Durendart l'acer verai sanglant.
François feront, se Deu plait, ensemant;
Ja cil d'Espeigne de mort n'aront garant!"

94

—"Conpeing .R., car sonez la menée:
1445 Si l'orra K'. de France l'alosée."
Respont .R.: "Ne plaçe Deu lo pere,
Ne Marien, la soe douce mere,
Qe por paiens perde mon lois de riere!
Ainz i ferai de Durendal ma spée:

1450   Jusq'a mes poinz en ert ensanglentée.
      Felon paien tant mar font ascemblée!
      Meus vuel morir qe France en soit blasmée."

T

26

      Dist Olivier, le preux et ly membrez:
      "Sire compaing, a moy si entendez:
      De ces paiens est moult grant la plantez,
      Vostre olifant convient sur eulx sonner;
395   Charles l'orra, nostre bon roy couronnez.
      Je vous plevis: tost seroit retournez,
      Ensemble o lui touz ses richez barnez;
      Secourroit nous par bonne volentez.
      Auxi en sera le roy Marsille irez."
400   Respont Roullant: "Ce seroit folletez!
      Ja Dieu ne plaise, qui en croix fut penez
      Et en sepulchre fut mis et posez
      Et au tiers jour, quant fut resuscitez,
      Droit en enfer fut nostre sire alez,
405   Hors en geta les siens amis privez,
      Cellui ne plaise donc vous ouy avez,
      Que mes amis soient ja par moy blasmez
      Ne France douce en chaïe en vitez!
      Ains y fierroy de Durandal assez,
410   Ma bonne espée que j'ay seinte au costez;
      Tout en sera hui li branc ensenglantez.
      Felon paien, mal vous estez enganez."

27

      Dist Olivier a la chiere membrée:
      "Compains Roullant, or sonnez damenée,
415   Si l'orra Charles de France la loée.
      Je vous plevis, l'ost sera retournée
      Et nous secourront en estrange contrée."
      Respont Roullant quant ceste eut escoutée:
      "Ja Dieu ne plaise, qui fist la mer salée,
420   Que pour paiens face ceste cornée;
      Ainz y fierray de Durandal, mon espée."
      . . . .

P

17

Li cuens Rollans ne fu pas esfraez,
Devant lui fu Viellantins amenez,
325 Li cuens i monte con vassaus adurez.
Dist Oliviers, li preus et li senez:
"S[i]re compains, envers moi entendez.
Maintes fois fui essaiez et prouvez,
De couardie ne fui onques retez;
330 Vostre olifans se il estoit sonez,
Karles l'orroit, li fors rois coronez,
Je vos plevis ja seroit retornez,
Secorroit nos par vives poestez
Et li Fransois qui les pors ont passez."
335 Respont Rollans: "Ce seroit foletez!
Ja Deu ne place, qui en crois fu penez,
Et ou sepulcre et couchiez et posez,
Et au tierz jor de mort resuscitez,
Droit a anfer fu ses chemins tornez,
340 Si en gieta de ses amis privez,
Que mes parrastres soit ja par moi grevez!
Ainz i ferrai de Durandart assez,
Ma bonne espee qui me pent a mon lez;
Touz en sera mes brans ensainglentez.
345 Felon paien touz nos ont enchantez.
Mieus ainm morir que face teus viltez."

18

Dist Oliviers a la chiere membrée:
"Sire compains, car sonez la menée
Que je vos ai hui autre fois rouvée:
350 Si l'orra Karles de France la loée,
Secorra nos en estrange contrée.
La gent d'Espaingne ne vient pas esfraée,
Chascons soz l'iaume a la teste enclinnée;
Se Deus m'aït et la vertus nommée,
355 Bien sanblent gens de bataille aprestée."
Respont Rollans, quant cele ot escoutée:
"Ne place a Deu qui fist ciel et rousée,
Ne a Marie, la pucelle senée,
Que por païens i face ja cornée:

360   Ains i ferrai de Durandart m'espée.
Felon païen mar virent la jornée;
Mieus voil morir que France en soit blasmée."

19

—"Sire compains, encor voz voil rouver,
Vostre olyfant que le faitez sonner;
365   Si l'orra Karles, qui France a a garder:
Je vos plevis s'ost fera retorner."
—"Ne place a Deu," ce dist Rollans li ber,
Que por paiens commence hui a corner,
Ne de ma bouche en doie estureter,
370   Ne mon parrastre doie on por moi blasmer,
Ne douce France le doie on reprouver.
Quant je serai en la bataille entrez,
Adont m'orrois 'Monjoie!' reclammer;
Par bon coraige hautement escrier.
375   Plus de .M. co(r)ps ferrai a l'assambler
De Durandart qui tant fait a loer;
Tost en verrez le brant ensainglenter.
Franc, se Deu plaist, voldront ainsiz errer.
Ja cil d'Espaingne ne s'en porront vanter,
380   Parmi les mors les convendra passer."

C₂

118

Li cons .R. ne fu mie esfrez.
Devant lui fu Velantis amenez:
Li cons i monte con vasal adobez.
1870   Dist Olivers, le proz et li senez:
"Sire compeing, envers moi entendez:
Meintes foiz fui asaiez et provez,
De cohardie ne fui onqes nomez.
Vostre olifant, se il estoit sonez,
1875   Charlles le oist, le roi encoronez,
Je vos plevis, ja sera il tornez;
Secora nos par bones voluntez."
.R. respont: "De folie parlez!
Ja Deu ne place, qi en crois fu penez,
1880   Et el sepoucre cochez et repoussez,

Fors ad enfern fu nostre Sire alez,
Por ses amis traire de dolentez,
Felon paien seront a mort tornez
Que ja li cors soit de par moi sonez.
1885 Ainz en ferai de Durendal asez,
Ma bone spée, qi me pent a mon lez:
Toz en sera mes braz ensanglentez.
Meus vel morir qe face tel viltez!"

119

Dist Olivers a la chiere menbrée:
1890 "Sire compeing, car sonez la menée!
Je le vos ai autrefoée roée.
Si l'osra K! de France la loée:
Secorra nos en estraigne contrée."
La gent d'Espaigne ne vint pas effrée,
1895 Chascuns soz l'eume a la teste enclinée:
Bien seemblent gent de bataille aprestée.
Out le .R., si redist s'alenée:
"Ne place Deu, qi fist la mer salée,
Ne Marien, la poucelle honorée,
1900 Qe por paien i face ja cornée!
Ainz i ferai de Durendal m'espée,
Deci q'au poing sera ensanglentée.
Felon paien mar virent l'ajornée.
Meus viel morir qe France en soit blasmée!"

120

1905 —"Sire compeing, encor vos vuel rover,
Vostre olifant qe lo facez soner.
Se .K. l'out, qe France a a garder,
Ge vus plevis, l'ost fera retorner."
—"Ne place Deu," ce dist .R. li ber,
1910 "Qe por paien comence a corner,
Ne de ma boche en doit estor geter,
Ne douce France crot hom a reprover!
Quant je devrai en bataille entrer,
Adonc orez: 'Monjoie!' reclamer,
1915 Per bon corage hautement escrier.
Plus de .M. cols ferai a l'ascembler.
De Durendal ferai, qi tant est fier,
De cel espée qi mult fait a loer.
Enpres ma mort les orra l'on conter.

1920 Tot en vesrez lo brant ensanglenter.
   Franc, se Deu plait, voudront aqi joster.
   Ja cil d'Espaigne ne s'en poront loer:
   Permi la mort les estoura aler."

Marie-Louise Ollier

Le Roman au douzième siècle: vers et narrativité

Roman en vers: pour une sensibilité moderne, l'expression fait presque figure d'oxymore, tant la prose paraît constitutivement liée au récit. Il fut pourtant une époque, dans l'histoire de notre littérature, où cette forme naquit d'une nécessité historique: le roman en vers au douzième siècle se signale comme la première manifestation d'un narratif long, continu, purement linguistique; précédé de la *chanson de geste*, lieu de rencontre de plusieurs systèmes sémiotiques et suivi du roman en prose. Aussi est-on tenté de poser le problème du roman en vers dans une perspective évolutionniste, et d'interroger de préférence à partir du point d'arrivée: pourquoi ce passage du vers à la prose? Cette mutation a évidemment des déterminations historiques. De tous ordres: depuis le changement des modalités de lecture, jusqu'à une perception de la prose comme seul instrument adéquat de la thésaurisation du savoir. Il faudrait y faire entrer aussi la situation de bilinguisme, la "renaissance" du douzième siècle, l'accès progressif au statut de langue littéraire de la prose vernaculaire. Tout cela assurément importe. Mais le terrain des causes demeure peu sûr. On peut l'éviter, au profit d'un autre où nous serions peut-être moins mal pourvus: celui des fonctionnements. Substituer en somme le comment au pourquoi. C'est-à-dire dépouiller autant que possible la naïveté d'un étonnement anachronique en face de deux éléments définitoires qui semblent en effet s'exclure—dont la rupture en tout cas était inéluctable; poser donc la question: comment la continuité exigée par la finalité narrative peut-elle s'arranger de la discontinuité qu'y introduit le mètre?

Dans les limites de cette étude, nous nous en tiendrons à un point: l'examen du comportement des temps du récit dans le roman en vers—plus précisément dans les romans de Chrétien, à travers son *Perceval*.[1] Peut-être serait-il plus convaincant de prendre appui sur des réalisations textuelles moins prestigieuses: on peut penser aussi que la médiocrité rend moins perceptibles, faute d'assez les exploiter, les possibilités offertes par telle forme spécifique.

En manière de position du problème, précisons quelques traits propres au rôle de la *voix* dans le roman en vers, en prenant garde que leur évidence même tend à nous les dissimuler.

Le roman en vers intègre, dans son mode de fonctionnement, un rapport à la *voix*, que le roman en prose, même à ses débuts, quand la lecture oculaire n'est pas encore en usage, ne connaît pas. Ne connaît pas du moins avec un tel caractère de *nécessité*. Certes, le rôle instrumental de la voix dans le roman en vers n'est qu'un substitut très affaibli de celui qui est le sien dans le chant lyrique ou même dans la déclamation épique. Elle s'y tient plus près du langage que de la musique—mais pas au point d'annuler cette hésitation entre le son et le sens par quoi Valéry définissait le poème. Si le roman en vers est récité, ce n'est pas par défaut, faute d'un moyen plus rapide d'appréhension du texte: sans le secours de la voix, il perd littéralement ses moyens.

Versifié, il fait en effet intervenir un mètre—l'octosyllabe—qui instaure une certaine mesure du temps, avec ses cadences, le retour de ses rimes, tous éléments de nature musicale, qui exigent au minimum un instrument apte à les produire, en l'occurrence: la voix humaine. Articulant les unités linguistiques, la voix assure la perception auditive du texte. Au service du vers, elle exploite ses organiques possibilités de rythme, de variations de ton et d'intensité. Enonçant le récit, la voix restitue la durée et l'espace propres de l'histoire contée, ceux que la prose doit créer par ses seuls moyens linguistiques. Scandant le vers, elle institue un espace/temps autre, le rythme auquel est soumis celui-ci imposant sa figure à celui-là. Voix narrative et voix poétique maintiennent ainsi, dans le roman en vers, leurs exigences spécifiques: la voix du récitant compte les syllabes du vers, autant qu'elle conte l'histoire.

Résumons: la voix, dans ce narratif de type particulier, n'est pas un auxiliaire contingent, que le hasard introduit à telle phase de l'évolution de la réception du texte. Sa présence est au contraire, même si elle n'était pas réellement convoquée, *inscrite* dans le texte, de façon aussi nécessaire que le destinataire (le narrataire) l'est, constitutivement, dans tout récit.

Essayons de saisir ce double jeu en regardant le début de *Perceval*:

> Ce fu au tans qu'arbre florissent
> fueillent boschaige, pré verdissent,
> et cil oisel an lor latin
> dolcemant chantent au matin
> et tote riens de joie anflame
> que li filz a la veve dame
> de la Gaste Forest soutainne
> se leva, et ne li fu painne
> que il sa sele ne meïst
> sor son chaceor et preïst
> .iii. javeloz, et tot ensi
> fors del manoir sa mere issi
> et pansa que veoir iroit
> hercheors que sa mere avoit
> qui ses aveinnes li herchoient .... (69-83)

Le récit est lancé dès le premier syntagme par l'inscription du passé "Ce fu," le temps par excellence de l'histoire. Dans ce même passé prend vie notre héros, six vers plus loin. Entre ces deux points, s'intercale une évocation lyrique du printemps.

Lyrique, à plusieurs titres. D'abord parce qu'elle fait renvoi, de façon non équivoque, à la "strophe printanière" de la lyrique courtoise. Cet effet d'intertextualité exige évidemment la caractéristique commune du vers, et suppose une identique exploitation de ses possibilités. Comme l'énoncé lyrique de la chanson, cette séquence de cinq vers ne produit pas sens par son contenu référentiel: ses notations descriptives sont fortement codées, et ne "représentent" rien d'autre que la configuration rythmique, phonique, sémantique dans laquelle elles entrent. Lyrisme et récit s'opposent donc déjà sur ce point, la finalité du dernier étant par définition "mimétique." Les échos rimiques, les figures (tel le chiasme du vers 70) qui prennent place dans l'espace découpé par l'octosyllabe, les rappels sonores d'un vers à l'autre (allitérations des labiales /f/, /v/, /m/, des liquides /l/, /l/), les liaisons intimes qui s'établissent à la rime entre le son et le sens (la fleur/*flor* et le vert/*verd*, associés par la rime finale -*issent*)— autant d'éléments qui sont comme une écriture paragrammatique du mot *joie* finalement exprimé au vers 73, rassemblés par nulle autre nécessité que celle de leur propre composition.

Autonomie toutefois contextuellement relative, puisque notre séquence est encadrée par le récit. Elle ne se soustrait du reste pas vraiment à son cours: si elle ne le fait pas progresser, elle le suspend à peine. Le récit la récupère comme donnée temporelle de son histoire: le printemps. Mais le temps de ces cinq vers, l'ancre narrative est rendue provisoirement inopérante, désamarrés l'espace et la durée que tendait à se créer le récit. La voix s'interpose dans sa densité vivante, se fait respiration du poème, dans le seul présent de son énonciation, ici et maintenant. "Ce fu au tans qu'arbre florissent / Fueillent boschaige, pré verdissent" (vv. 69-70); ces présents ne succèdent pas à un passé, ne précèdent pas un futur; ne relèvent pas non plus du présent dit de permanence, en dépit de la récurrence certaine du retour saisonnier. Nulle successivité temporelle. Pas plus qu'il n'est figuratif, l'énoncé lyrique ne prend place dans un moment de l'organisation linéaire du temps en avant/pendant/après—ce deuxième caractère étant corollaire du premier. Valéry attribuait au roman la vertu d'*aliénation*, au poème celle de *participation*. A l'un, le reflux de la vie vers une activité mentale exigeant l'oubli du corps; à l'autre, l'excitation de toutes les énergies, musculaires et verbales. La séquence lyrique est nécessairement désaliénante: elle sollicite joyeusement (ce plaisir n'a rien à voir avec la tonalité sombre ou gaie du "sujet" traité) le concours, la complicité active de l'auditeur, dans une liberté qui s'exerce au détriment de la tension narrative.

On pourrait objecter que, de par sa nature même, cette séquence est peu convaincante; que les effets observés ne sauraient, puisqu'on les a définis justement au sein de l'opposition lyrisme/récit, se retrouver dans une séquence narrative qui ne la comporte pas. Revenons donc à notre texte: au vers 74, la conjonction *que*, placée en début de vers, reprend avec fermeté le fil narratif et réintègre au récit l'évocation lyrique. Reprise confirmée par l'instauration d'une séquence au passé (vv. 74-84), qui paraît cette fois tout entière vouée à l'information narrative: on nous présente le "personnage," et la série de procès dans laquelle il est engagé. Le fils de la Dame veuve, dans la Gaste Forêt, se leva, ne fut pas lent à seller son cheval et prendre ses javelots et, ainsi équipé, sortit du manoir de sa mère, dans l'intention d'aller voir ses herseurs au travail. Voici planté le cadre de l'histoire, avec des êtres qui agissent dans un temps et un espace à eux. Il ne semble pas que l'auditeur puisse désormais échapper à l'attente d'une suite, résister à l'attrait de cette "fausse réalité qui exige la docilité de l'âme et donc l'abstention du corps."[2] La voix du récitant n'a plus qu'à se faire la plus discrète possible, se réduire à son rôle de transmission. Ou, pour dire autrement, les effets propres au vers paraissent entièrement subordonnés au récit, voués à le servir dans son ordre même. Ainsi des coupes taillent l'octosyllabe: dès le vers 74, soulignant le retour à l'histoire, le rythme change. Rompue, la régularité des coupes qui répartissaient symétriquement les accents dans les vers précédents. C'est par une coupe 3/5 qu'est présenté le fils à la Veuve Dame, et ce dernier segment est prolongé par un rejet sur tout le vers suivant: "la veve dame / de la Gaste Forest soutainne" occupe soudain une place immense, au centre exact, rythmique et syntaxique, de la séquence qui se termine au vers 80. Ces deux vers introduisent ainsi une discordance, une sorte d'opacité qui se répand aussi bien sur l'épanouissement printanier qui précède, que sur l'agilité bondissante du jeune valet ensuite. Le changement de rythme seconde le changement sémantique: dans la lumière tendrement colorée et la joie, font irruption les sombres adjectifs *veve, gaste, soutainne*. Le rythme se révèle ainsi particulièrement efficace pour souligner l'ombre portée par la simple mention de la Dame.

Le reste de la séquence, en quoi concentre pour ainsi dire la substance narrative, illustre d'une manière encore plus nette l'apport du vers au récit: le mouvement du rythme s'y fait quasiment mimétique. Mimétique de la hâte du jeune valet, grâce à la double construction symétrique qui, sauvegardant à la rime les deux verbes *preïst | meïst*, reliés donc dans le même couplet, violente identiquement à leur profit le cadre de l'octosyllabe par un enjambement répété. Mimétique aussi du mouvement même de Perceval: le verbe *se leva* surgit lui-même en tête de vers, à une place qui en redouble donc le sens, et le mouvement s'achève au vers 80 par le verbe *issi* qu'une heureuse inversion rejette en quelque sorte à la sortie du vers.

Il n'y a pas lieu de s'attarder plus longtemps: il semble bien que, hors les séquences lyriques, forcément limitées dans un texte romanesque, le vers sert le récit de toutes ses ressources, contribuant ainsi à accroître la puissance de l'illusion narrative. Sa participation propre serait à définir en termes d'économie d'écriture: prêtant au récit ses moyens, sans lui opposer la résistance d'un ordre autre. Pourtant cet ordre demeure dans son altérité irréductible. Toujours se maintient en effet le décalage entre la structure du vers, découpant son temps et son espace, et celle du récit syntagmatique. C'est même ce décalage qui rend opératoire le concours du rythme poétique: l'efficacité du rejet noté au vers 76 (*se leva*) tient à la place qu'il confère au verbe, certes (en attaque de vers), mais aussi à la non-coïncidence de la pause syntaxique et de la limite métrique. Quel que soit l'enchaînement narratif, s'y superpose un autre, indépendant de lui: l'auditeur ne peut échapper à cette cadence régulière du mètre, au retour attendu de la rime. Peu importent les variations de la performance récitative: elles n'affectent pas ce qui est structurellement constitutif du vers. La lecture dessine ainsi une configuration double:[3] le déroulement narratif doit composer avec un autre, qui lui sert de contrepoint, sans jamais, en dépit des apparences, le re-doubler.

Cette dualité produit du reste son effet propre, dans le récit même. C'est le rythme du vers qui permet une perception cinétique, qui rend sensible, au sens littéral du terme, le mouvement *représenté* par le récit, de même que font obstacle, à l'abstraction du texte, les divers jeux phoniques. La voix poétique donne ainsi littéralement corps à ce qui ne serait autrement que représentation mentale; sa présence vive s'interpose toujours entre l'auditeur et le récit, le retenant de s'y aliéner à corps perdu. Et sans doute l'impression de liberté narrative que donnent les romans de Chrétien trouve-t-elle là une de ses justifications.

Concluons cette longue analyse: elle n'a eu d'autre but que de rappeler ce qui échappe à la perspective évolutionniste dans laquelle on a tendance à saisir le roman en vers:[4] que l'un de ses plans d'existence est indubitablement poétique. Il reste à voir maintenant l'incidence de cet état de fait sur l'organisation narrative elle-même.

Nous la limiterons à l'étude de la temporalité.[5] Le mélange des temps passé/présent dans la narration médiévale est un vieux problème, obscurci par cette habitude ancienne de ne pas distinguer les réalisations textuelles en vers et en prose: il est significatif que les exemples choisis par Foulet dans sa *Petite Syntaxe*[6] concernent exclusivement des récits versifiés du treizième siècle. Une étude manque, qui soumettrait cette apparente liberté à un examen où interviendraient des paramètres d'ordre proprement poétique. A défaut, observons au moins deux points assurés:

—le récit, dans nos romans, est toujours ouvert par un passé, toujours donc explicitement donné comme la re-présentation d'un vécu, faisant référence à un temps antérieur à celui de l'acte de narration;
—dans le discours direct, c'est-à-dire chaque fois qu'un discours est énoncé au *je* (qui peut être seulement présupposé par un *tu*), la répartition des moments du temps (*time*) est assurée sans ambiguïté par celle des temps verbaux (*tenses*): le présent de l'énonciation ordonne clairement la distinction de l'avant et de l'après.

Hors ces cas, il semble difficile de trouver un principe de répartition des temps verbaux présent/passé simple. Nous ne leur adjoindrons pas le passé composé, qui n'entre pas vraiment en concurrence avec eux: qu'il soit associé à un passé ou à un

présent, le passé composé comporte une valeur nettement aspectuelle; il est essentiellement un *perfectif*, "résultat présent d'une
action passée," comme disent les grammaires. De même pour
l'imparfait: très rare, on le rappelle, dans les *chansons de geste*,
il n'intervient dans le récit que comme aspect, celui qui dans la
mise en relief, pour reprendre l'analyse de Weinrich,[7] établit
dans le récit l'arrière-plan, le premier pouvant être fourni en
l'occurrence aussi bien par le présent que par le passé simple.

Sur la base de ces constatations, confirmées du reste latéralement par diverses études,[8] on peut admettre en effet, surtout
dans la narration médiévale la plus ancienne, le primat des
distinctions aspectuelles sur les temporelles. L'opposition fondamentale passé/présent ne demeure opératoire que dans l'opposition du récit à l'acte d'énonciation qui le produit. Le récit une
fois signalé comme tel, cette distinction devient secondaire,
voire inutile; ne reprend sa pertinence que lorsque le récit intègre
le discours, c'est-à-dire dans les dialogues et monologues. Dès
lors, neutralisée dans l'ordre du récit, tout se passe comme si elle
demeurait libre pour d'autres effets: présent/passé ne sont plus
en variante combinatoire (l'un excluant l'autre), mais en variante
libre (l'un et/ou l'autre, comme on en trouve de très nombreux
exemples dans nos textes). A cette indifférenciation temporelle,
on trouve généralement une justification d'ordre stylistique: le
récit, dans la libre disposition de l'une ou l'autre forme, gagne
en variété, évite la monotonie d'une séquence à tonalité unique.
Il est plus difficile d'invoquer le fameux présent dit "historique,"
dont la vertu propre, on le sait, est d'introduire un mouvement
plus dramatique dans le récit, de présenter les faits "comme si
vous y étiez." Ce présent peut se glisser entre deux séquences au
passé, mais ne s'autorise pas, dans les limites de la même phrase,
comme il est assez fréquent dans nos textes, la juxtaposition
avec le passé.[9]

Si l'on n'est pas entièrement satisfait des explications "stylis-
tiques," on peut essayer de les chercher ailleurs, du côté de la
spécificité du roman en vers si on veut bien la considérer comme
fondamentale.

Et d'abord en fonction de son aspect le plus formel: l'existence du couplet rimé d'octosyllabes. La nécessité de la rime prime régulièrement celle de la cohérence temporelle, se la subordonne. Elle favorise donc les formes verbales pourvues de désinences identiques: on trouverait sans doute une grande fréquence à la rime d'imparfaits, par exemple (indicatif ou subjonctif), mais aussi de passés simples, bien que les paradigmes en soient moins uniformisés. Seul le présent, du moins en ses trois personnes du singulier, est exclu d'une telle commodité. On peut donc voir un passé à la rime associé à un présent à l'intérieur du vers: il est plus facile de faire rimer *pot* et *ot*, que leurs correspondants au présent *puet* et *a, mist* / *dist*, que *met* / *dit*. Les contraintes de la rime rappellent ainsi de façon quasi matérielle que l'on a affaire à une réalisation linguistique absolument marquée par le vers.

Est-il possible, au-delà de ce qu'impose donc la matérialité du texte en vers, de mettre au jour un principe régissant la distribution des temps du passé et du présent, principe dont la valeur serait étroitement liée à la nature du narratif versifié? Assurons-nous à nouveau sur l'observation de quelques constantes.

Un sondage, opéré sur les 3000 premiers vers du *Perceval*, mais qui, dans ces limites, est exhaustif, m'a fait relever l'existence de ce qu'on pourrait appeler des *vers de reprise*, avec la définition suivante: un vers de reprise assure à la fois la clôture d'un élément en quelque manière digressif, secondaire, et le retour au fil narratif principal; il a pour caractéristique formelle d'être toujours au passé. Il me paraît indispensable de fournir ici un certain nombre d'exemples:

Ex. 1   —vv. 112-24: séquence au style direct, les propos que se tient le jeune valet à l'approche de ceux qu'il croit être des démons.
          —vv. 125-26, au passé: "Ensi a lui meïsme dist / li vaslez einz qu'il les veïst."

Ex. 2   —vv. 494-502: séquence pour une grande part au présent, narrant comment la mère apprête son fils pour le départ.
          —v. 503, au passé: "Ensi la mere l'atorna."

Ex. 3   —vv. 771-78: au style indirect assumé par un présent, les propos amers de la demoiselle en pleurs.
          —v. 779, au passé: "Ensi remest cele plorant."

Ex. 4   −vv. 1006-30: au style direct, la semonce que le roi adresse à Keu.

   −v. 1031, à l'imparfait: "Ensi li rois a Kex parloit, . . ."

Ex. 5   −vv. 1747-68: description, au passé, de la place dévastée.

   −v. 1769, au passé: "Ensi trova le chastel gaste, . . ."

Ex. 6   −vv. 2045-64: récit (où alternent passé et présent) et discours direct mêlés: la demoiselle et Perceval passent la nuit ensemble.

   −v. 2065: "Tant li fist la nuit de solaz . . . ."

Ex. 7   −vv. 2150-56: au style direct, les gens recommandent Perceval à Dieu.

   −v. 2157, à l'imparfait: "Ensi por lui trestui prioient."

Ex. 8   −vv. 2515-20: description, au passé, du comportement des gens de Perceval envers leurs prisonniers.

   −v. 2521, au passé: "Ensi furent antr'ax leanz."

Ex. 9   −vv. 2765-78: les propos, au style direct, d'Anguinguerron.

   −v. 2779, au passé: "Ensi Anguinguerrons parla, . . ."

Ex. 10 −vv. 2818-24: au discours direct, les propos de Keu et du roi.

   −v. 2825, à l'imparfait: "Ensi parloient andemantre, . . ."

Dix exemples en 3000 vers. Un schéma privilégié: ce vers de reprise enferme le plus souvent une phrase; neuf fois sur dix, commence par l'adverbe ENSI, qui fait liaison par rappel de ce qui précède; enfin et surtout, dans la perspective qui nous occupe, est régulièrement au passé: passé simple par priorité, quelquefois imparfait quand celui-ci inaugure à son tour une autre opposition aspectuelle avec ce qui suit. Les rares contre-exemples ne le sont qu'en apparence: ainsi des vers 1297-1300, qui succèdent à l'expression, au style direct, des nouvelles plaintes du roi auprès de Keu. Citons:

> Ensi li rois plaint et regrate
> et del vaslet fet chiere mate,
> mes il n'i puet rien conquester,
> si lesse la parole ester.
> Et li vaslez sanz nul arest . . . . (1297-1300)

S'il y a reprise ici, elle ne joue pas le même rôle; d'abord, en dépit de la présence, en tête de phrase, du même adverbe de référence, elle est nettement plus longue que dans les autres exemples cités. Et surtout, elle n'assure pas le retour au fil narratif principal, l'un des traits de notre définition. On voit clairement au contraire s'opposer deux tableaux: la cour arthurienne, et la voie sur laquelle Perceval lance son cheval. Il n'y a pas reprise d'un fil quelque peu détendu par une séquence au discours direct; bien plutôt, clôture d'un épisode (en un lieu différent), et ouverture d'un nouveau.

Par ailleurs, très fréquemment, on a pu le remarquer, la digression est représentée par l'expression de propos, rapportés au discours direct ou indirect. Ce trait n'entraîne toutefois pas, à lui seul, le recours au *vers de reprise*: à l'annonce de l'acte peut succéder l'acte lui-même, et si ce processus se traduit éventuellement par une redondance, la redondance n'assure pas ce rôle de transition que nous avons assigné au vers de reprise.[10] Il n'y a donc pas lieu de s'étonner que le passé ne soit pas, dans ce cas, systématiquement employé.

On peut donc tenir pour acquis, semble-t-il, qu'avec le vers de reprise nous avons l'un des emplois du passé dans le récit. Un de ses emplois, pas sa valeur—laquelle ne saurait être définie que par opposition à la valeur du présent.

C'est cette valeur que nous allons maintenant tenter de cerner, par la constatation, là encore, de ce qui nous a paru être une constante: une sorte d'*effet focalisateur* du présent. Nous entendons toujours ici le présent narratif, à l'exclusion du présent dit de permanence (interventions d'auteur, dictions sentencieuses) et, *a fortiori*, du présent d'énonciation. Nous avons observé ceci: en l'absence, dans ce narratif continu, d'unités narratives formellement déterminées, articulées par des transitions nettement repérables et surtout systématiques, tout se passe comme si les passages au présent ponctuaient le récit, en ordonnaient les moments non par répartition quantitative, mais par une sorte de distribution rythmique. Le fait paraît évident quand il s'agit de scènes entières, que leur importance narrative désigne d'emblée à un traitement privilégié. Ainsi du récit, dans *Yvain*, de l'affrontement d'Yvain et du Chevalier de la Fontaine (vv. 818-54):[11] c'est par cette épreuve que doit s'affirmer, par opposition à l'échec de Calogrenant dont on a eu antérieurement le récit, la prédestination du chevalier élu; encore une partie de la séquence, au-delà des vers cités, revient-elle à une narration plus nuancée, où alternent à nouveau passé et présent. Le premier combat de Perceval, celui qu'il livre au chevalier aux armes vermeilles, est d'abord narré au passé (vv. 1100-09)–jusqu'à l'intervention proprement dite du jeune valet ("Au mialz qu'il peut an l'uel l'avise," v. 1110): le récit passe alors au présent. Mais contre-exemple: la scène du Graal, dont nul n'oserait contester l'extrême importance. Entièrement conduite au passé, elle comporte çà et là quelques présents dont on saisit mal de prime abord comment ils pourraient justifier notre hypothèse; d'autant plus intéressante, justement, en raison de sa plus grande complexité.

Ce qui est narré au passé: la description du cortège, en deux temps, le passage de la lance qui saigne, puis celui du Graal étincelant. Mais nous n'en avons qu'une perception médiate, à travers celle du personnage-témoin, selon une technique "impressioniste" dont Chrétien est coutumier.[12] L'accent narratif porte moins, ici, sur le cortège lui même, que sur le comportement de Perceval, spectateur aussi passioné que muet. Observons maintenant où se distribuent les présents:

–après le passage de la lance, par deux fois: pour mentionner la réaction de Perceval à cet étonnant spectacle: "si s'est de demander tenuz / comant cele chose avenoit . . ." (v. 3192);
–pour donner la raison de son silence: "si crient que s'il li demandast / qu'an li tornast a vilenie . . ." (v. 3198);
–après le passage du Graal, curieusement, c'est au passé qu'est exprimé le comportement du valet: "Et li vaslez les vit passer / et n'osa mie demander / del graal cui l'an an servoit . . ." (vv. 3231-33).

Mais prenons garde que le présent reprend juste après, avec l'intervention du narrateur: "se criem que il n'i ait domage, / que j'ai oï sovent retraire . . ." (vv. 3236-37). Et c'est au présent encore que se conclut la scène: "Bien li en praingne ou mal l'an chiee, / ne lor anquiert ne ne demande" (vv. 3240-41), et que le récit se poursuit, avec retour aux détails de l'accueil fait par cet étrange seigneur à son hôte dont le mutisme ne fait que s'aggraver.

Ainsi, loin de la démentir, cet exemple de choix confirme plutôt la valeur du présent que nous avons tenté de dégager: dans le premier cas, le présent assure de façon claire la mise en relief de l'élément narratif important: moins la merveille que le néfaste silence de celui à qui le spectacle en est offert. Dans le second cas, l'intervention du narrateur prend l'auditeur à partie, d'une manière qui maintient à distance l'ensemble de la scène, y compris cette fois la réaction de Perceval; puis, tandis que le narrateur s'efface, le présent revient mettre au premier plan la suite du récit.

De l'analyse qui précède, on pourrait croire que présent et passé simple s'opposent dans ce système (comme temps du *récit*), à la façon dont s'opposent, dans le tableau de Weinrich, respectivement le passé simple et l'imparfait;[13] l'effet "focalisateur" pourrait donc être appelé, selon une terminologie déjà répandue, effet de "mise en relief." Ce qui interdit cette superposition, c'est d'abord l'existence, dans le système narratif médiéval, de l'imparfait, auquel il faut bien assurer une place dans la structure temporelle d'ensemble. C'est aussi la possibilité de voir se succéder, *au sein d'une même phrase*, que les segments en soient coordonnés ou subordonnés, les deux temps verbaux concurrents, mode de performance narrative qui ne se reproduira plus et dont Weinrich évidemment ne rend pas compte. Otonsnous la facilité, dans les exemples qui suivent, de choisir des séquences définies comme telles par une unité thématique forte, désignées de surcroît à l'attention par leur importance narrative particulière.

Soit, dans *Perceval*, l'assez longue séquence (vv. 362 à 632) située entre le retour de Perceval au manoir de sa mère, et son départ pour la cour "où l'on fait les chevaliers." Sur ces 270 vers, 207 sont réservés à du discours, essentiellement les deux interventions de la mère; la première, pour faire enfin à son fils le récit de ses origines et de sa propre infortune maternelle; l'autre, pour lui donner un enseignement approprié cette fois à son état de futur chevalier. Entre ces exposés, et les courtes réponses du fils, de brèves séquences narratives.

Séquence 1   Grant joie an ot a icele ore
                        qu'ele le voit, ne pas ne pot
                        celer la joie qu'ele an ot,
                        car come mere qui mout ainme
                        cort contre lui et si le clainme
                        "Biax filz, biax filz" plus de .C. foiz. (366-71)

Les deux premiers vers associent une principale au passé (*ot*) à une subordonnée au présent (*voit*), selon un ordre du reste peu rationnel: l'effet (la joie) précède la cause (la vue de son fils). Deux passés successifs ensuite, respectant cette fois la cohérence temporelle à laquelle est accoutumé le lecteur moderne, puis retour à deux présents coordonnés. Comment justifier, devant une telle distribution des temps, la valeur spécifique de notre présent? Faudra-t-il forcer le texte pour reconnaître au présent son rôle d'accent narratif?

Revenons à lui: pour la première fois, la mère entre en scène, après avoir été déjà évoquée à plusieurs reprises: comme la Veuve Dame, mais aussi à travers ces divers "enseings" auxquels le fils ne cesse de se référer. On sait en outre, c'est explicitement dit, que la mère "perdrait le sens" si elle ne parvenait à détourner son fils de son destin de chevalier. Juste avant le début de notre séquence enfin, le récit nous informe des alarmes que lui inspire le retard du jeune garçon. Dans ces conditions, la *vue* de son fils, qui écarte pour un temps du moins la menace de sa perte, ne peut pas ne pas être un temps fort. La joie en devient secondaire, effet en quelque sorte obligé de cet événement primordial: l'entrée de Perceval dans le champ visuel de la mère. La subordination de l'effet à la cause, apparemment démentie par leur ordre de succession dans le texte, se trouve confirmée latéralement: par le recours à l'expression *a cele ore que*, "morphème d'insistance," qui "particularise"[14] le fait exprimé par la subordonnée; par la place même de cette expression, chevauchant les deux vers. Qu'on ne s'étonne pas non plus de retrouver le présent pour noter cet élan possessif de la mère vers son fils dont nous pressentons déjà qu'elle l'a perdu.

Séquence 2   La mere se pasme a cest mot
qant chevalier nomer li ot.
Et quant ele fu redreciee,
si dist com fame correciee . . . . (401-04)

Au présent, la réaction violente de la mère, première pâmoison figure de l'autre, mortelle. Au passé, la suite nécessaire: il faut bien qu'elle revienne à elle pour tenir ensuite à son fils ce long discours.

Séquence 3   Ensi la mere l'atorna.
                      Trois jorz, einz plus, n'i demora,
                      que plus n'i ot mestier losange.
                      Lors ot la mere duel estrange,
                      sel beise et acole en plorant
                      et dit:. . . .   (503-08)

Le premier vers, déjà analysé comme vers de reprise, n'a aucune raison de bénéficier du présent. Plus intéressants sont les deux derniers vers, avec une proposition au passé (*ot*), suivie d'une autre au présent (*beise et acole*). Nous traiterons plus tard du rôle particulier de la particule *si* (*sel*). Disons pour l'instant qu'elle peut contribuer à une valorisation du segment qu'elle introduit. Ce segment, une fois de plus, décompose dans ses manifestations concrètes, physiques, l'expression globale du *duel estrange*. Insistence compréhensible quand on se rappelle de quel poids pèsera, sur la vie ultérieure du fils, son indifférence à la douleur de la mère.

Séquence 4   Atant n'i ot plus de demore,
                      congié prant, et la mere plore,
                      et sa sele li fu ja mise. (597-99)

Entre deux passés, ce vers au présent, dont la dramatisation est évidente: par la dissymétrie opérée par la coupe 3/5; par l'inversion qui, dans le segment réservé au fils, place en tête le mot-clé, *congié*, dans l'économie la plus stricte des moyens; dans le deuxième segment, un *et* contrastif, l'expression du sujet sous sa forme la plus étoffée (le syntagme nominal), les éléments de la proposition se succédant dans l'ordre attendu (mais de telle façon tout de même que le vers s'achève sur *plore*, dont la récurrence scande toute cette séquence): la recherche de tels effets suggère que l'on a affaire à un temps fort—lequel est verbalement signalé par le présent.

Séquence 5   Qant li vaslez fu esloigniez
                      le giet d'une pierre menue,
                      si regarda et vit cheüe
                      sa mere au chief del pont arriere,
                      et jut pasmee an tel meniere
                      com s'ele fust cheüe morte;
                      et cil ceingle de la reorte

> son chaceor par mi la crope,
> et cil s'an va qui pas ne çope,
> einz l'an porte grant aleüre
> par mi la grant forest oscure . . . . (618-28)

Point de démenti non plus de notre hypothèse en cette dernière séquence. Au passé, l'ultime regard de Perceval sur sa mère évanouie; selon une technique narrative déjà signalée, la vision de la mère nous parvient à travers le regard du fils; elle ne peut donc subir la mise en relief que lui accorderait le présent. Mais pas davantage le récit du mouvement de Perceval se retournant. Ce mouvement est en quelque sorte attendu, et il serait incongru de le pourvoir d'un accent particulier, lequel est réservé à la détermination du jeune valet, dramatisée comme précédemment par le concours de divers procédés: le recours au *et* contrastif, mais aussi la rupture du couplet *morte / reorte*, et l'enjambement du vers 624 sur le vers 625, reproduisant ainsi rythmiquement un élan que rien ne pourrait retenir. Le reste de la chevauchée peut passer à l'arrière-plan, dans une accélération narrative sur laquelle va se détacher fortement à nouveau une séquence au présent, inaugurant la première expérience de Perceval désormais échappé à sa mère et affronté au monde.

Nous pensons avoir accumulé assez de matériel désormais pour tenter une définition plus précise de ce que nous avons appelé l'effet focalisateur du présent; plus exactement, pour essayer de le rattacher à la valeur générale du présent, dont il ne représenterait, en cette fonction, qu'une application particulière. Auparavant, un dernier détour par l'examen de la particule *si*.

Il n'est pas question, dans les limites de notre propos, et à ce point de notre exposé, de nous livrer à une étude exhaustive de cette particule dans le roman en vers. Bornons-nous ici à quelques remarques, pour une grande part empruntées au magistral ouvrage de Jean Rychner.[15]

1. *Si* est, d'évidence, d'un emploi très fréquent dans la narration médiévale, encore qu'il soit malaisé, dans la diversité de ses fonctions, de lui assigner une valeur de base.

2. Dans son rôle d'articulation phrastique, *si* semble avoir la propriété de transformer la première proposition en *thème*, la proposition qu'elle

introduit lui étant rapportée comme son *prédicat*. Elle s'oppose donc à la fois à la conjonction *et* et à l'adverbe *lors*: là où *et* "égalise et coordonne," *si* opère un "décalage," de quelque ordre qu'il soit, entre deux procès: dans leur sémantisme, aussi bien que dans leurs aspects ou les temps qu'ils distinguent; là où *lors* distingue des moments successifs "en longueur," *si* les distingue "en épaisseur," par étagement. Quelle que soit la nature des procès ainsi mis en contiguïté, la particule *si* instaure une hiérarchie en faveur du second, au détriment du premier qui se trouve ainsi relégué à l'arrière-plan. J. Rychner a travaillé, rappelons-le, sur un roman en prose (*La Mort Artu*) dans le dessein d'observer quels moyens la prose romanesque à ses débuts s'inventait pour assurer l'enchaînement narratif.

3. Dans un chapitre d'un ouvrage actuellement en cours, Ch. Marcello-Nizia[16] reprend, en diachronie, l'examen de tous les emplois de *si*, dans tous les types de texte, vers et prose, jusqu'à la fin du quinzième siècle. Elle réserve un intérêt particulier aux plus marginaux, ceux dont l'explication est la plus généralement éludée: curieusement, ceux qui se remarquent plus fréquemment en vers qu'en prose. Sa conclusion: la valeur fondamentale de *si*, dans l'écriture narrative, est de faire de la proposition qu'elle introduit un *propos*, dont la proposition qui précède fournit le *thème*. En dépit des apparences, cette conclusion ne s'identifie pas absolument à celle de Rychner. Il ne s'agit plus d'articulation phrastique, mais, dans une perspective discursive, de faire progresser l'information narrative, de passer du connu (le thème) à l'inconnu, au nouveau (le propos) qui vient s'articuler sur lui.

Une étude de *si* dans nos romans en vers du douzième siècle devrait être conduite avec la belle exigence dont Rychner nous donne l'exemple: limitée à un texte, ou un ensemble de textes constituant un corpus pourvu de son unité propre. A cette condition seulement—compte tenu par ailleurs de la valeur de *si* qui semble se dégager de l'étude d'un corpus plus vaste—cette valeur de base se verrait accorder une place spécifique dans un système particulier: le système établi par les divers paramètres intervenant dans le narratif versifié continu du douzième siècle. En d'autres termes, si la démonstration de Rychner me paraît convaincante quant à la valeur "étageante" de *si*, valeur par ailleurs confirmée sur d'autres textes, vers et prose, il me paraît difficile de souscrire à l'indifférenciation absolue des temps verbaux des procès ainsi mis en contiguïté. Il est du reste remarquable que Rychner fait intervenir le *sens* des procès, non le *temps* dans lequel ils se réalisent. Or, si l'on refuse le recours à ce que j'ai appelé l'explication "stylistique" (le souci de "variété) pour rendre compte de la "confusion" passé/présent dans le récit (alors que cette confusion même interdit qu'on accorde à ces formes la fonction temporelle proprement dite) il faut bien trouver une autre explication: une explication qui, sans être de cet ordre-là, relève quand même d'un *ordre*. Par ailleurs, quelle que soit la valeur que l'on attribuera à cette opposition, dès lors qu'elle n'est pas temporelle, il paraît difficile d'admettre qu'elle ne soit d'aucune pertinence dans l'opposition thème/propos, à moins de mettre en cause la validité de cette dernière. Nous avons avancé une hypothèse, un principe de répartition passé/présent, en fonction de ce que nous avons appelé l'effet "focalisateur" du présent: si la valeur de *si* est de valoriser le procès qu'il introduit, d'effacer donc, par voie de conséquence, le procès qui précède, on peut admettre que sa présence suffit seule à cette hiérarchie, à cette mise en relief; il semble difficile qu'elle ne recoure pas, le cas échéant, au présent, s'il apparaît par ailleurs que c'est sa fonction propre: une proposition-propos au présent serait en quelque sorte surdéterminée quant à l'effet de mise en relief, de ponctuation narrative.

Cette hypothèse a besoin d'être testée: à défaut d'une étude exhaustive que seule pourra permettre la mécanisation, nous avons procédé à l'examen le plus minutieux de *si*, limité à sa fonction de liaison entre deux propositions sans que la pause entre les deux soit conclusive; nous avons donc écarté les exemples où *si* apparaît en tête de phrase (après un point dans l'édition critique, ou un point-virgule), après une proposition subordonnée temporelle, ou à l'intérieur d'une même proposition. Ceci sur les 3000 premiers vers du *Perceval*, et dans les énoncés narratifs seulement.

Nous avons obtenu, par ordre de fréquence décroissante, la succession:

—présent/présent (variante, d'un côté ou de l'autre: passé composé): 35
—passé/passé (variante éventuelle: imparfait): 22
—passé/présent (variantes: imparfait/présent, passé simple/passé composé, passé antérieur/passé composé): 13
—présent/passé: 7. Cette dernière série, qu'on ne s'attend pas à rencontrer, mérite d'être regardée de plus près. Sur les sept cas, deux sont constitués par *si (li) dist* (vv. 1207 et 1491): le propos introduit par *si* se reporte

pour ainsi dire sur le discours direct ainsi annoncé; dans un autre, *si* peut être considéré comme corrélatif du *que* qui suit: *si le passa que max ne honte / ne anconbriers ne li avint* (1714-15). Aux vers 1621 et 2891, le passé succède à un passé composé, ce qui n'est pas exempt d'ambiguïté; enfin, pour les vers 1736, 2462, et 2891, le manuscrit de l'édition Roach offre chaque fois une variante au présent. L'ensemble de ces considérations restreint beaucoup le caractère représentatif de cette série. La troisième au contraire semble bien indiquer que lorsque changement de temps (*tense*) il y a, du thème au propos, il se fait au bénéfice du présent.

Il est temps de regrouper nos conclusions: passé et présent apparaissent également comme *temps du récit* dans nos romans en vers; l'ordre logique de succession passé/présent est donc neutralisé—non violenté, en ce sens que jamais une antériorité ou une postériorité explicite n'est transgressée, et que cette série indifférenciée présent/passé ne tolère pas le futur: le futur ne sort pas de l'ordre de successivité temporelle. Comme par ailleurs le passé ne peut pas, non plus, se substituer au présent (on peut difficilement concevoir, en contrepartie d'un "présent historique," un passé d'"énonciation"), il est clair que la répartition présent/passé dans le récit ne peut trouver son principe que dans une certaine exploitation de la valeur générale du présent. Ce qui revient à redire cette vérité linguistique: le système des temps, en langue, est tout entier organisé autour du présent, lequel est d'abord et avant tout le temps de l'instance de discours. C'est de cette définition que doivent dériver tous les "sens" du présent, dans la diversité de ses emplois.

Manfred Sandmann essaie de rendre compte d'un problème très proche du nôtre, nettement distingué en ses deux aspects:[17] (1) la "confusion des temps" dans l'épopée lui apparaît comme l'une des manifestations du principe musical de variation, constitutif de la laisse, relevant en outre d'une "orientation symbolique" propre à l'épopée: ce type de récit implique une certaine indifférence à une organisation "réaliste" du temps; (2) ce même symbolisme explique la coexistence du *présent*, à côté des diverses formes de passé, en raison même de son "caractère relativement a-temporel." Nous suivons parfaitement M. Sandmann jusque là: l'a-chronisme du chant épique s'accommode fort bien du présent. Mais cet effet du présent est, selon nous, absolument lié à sa valeur fondamentale: l'instance de discours déclare contemporain à elle-même un énoncé valable pour un présent sans limitation de durée, hors de toute actualisation.

On ne saurait extrapoler ces conclusions à cet autre type de récit qu'est notre roman en vers. Les deux ont pourtant une propriété commune: si l'un est déclamé, l'autre est récité, comme nous l'avons longuement commenté; c'est dire que, dans les deux cas, la voix intervient comme fondant l'instance de discours. Non engagée dans la seule performance, comme il adviendra de la récitation du roman en prose, mais, à un degré qualitativement différent, dans la constitution même du texte. Seulement là où, dans le chant épique, l'affirmation du destin collectif est éternellement contemporain de la voix qui l'énonce, dans le roman s'instaure une temporalité à l'image de celle de l'expérience vécue—mais temporalité que vient contredire, dans l'autonomie à laquelle elle pouvait prétendre, l'existence de la voix poétique. On saisira peut-être mieux désormais ce que j'ai appelé l'effet "focalisateur" du présent. Il est très difficile de gloser cet effet sans s'exposer à des confusions de perspective: nous avons parlé de mise en relief, en avant-scène, au premier plan—toutes métaphores spatiales qui supposent une conception scénique, en profondeur, de la temporalité: celle en somme qu'a formulée Weinrich. Mais l'on voit maintenant en quoi notre analyse ne se superpose pas à la sienne; le principe de mise en relief organise le récit en profondeur, mais dans ses propres limites, c'est-à-dire celles du *passé*, et ne fait en aucun cas intervenir un rapport à son extériorité, c'est-à-dire à l'acte d'énonciation qui le produit; l'extériorité du récit ne peut en effet se concevoir que dans un certain rapport au narrateur, celui qui dit *je* (peu importe ici qu'il puisse se dédoubler en narrateur et en actant). L'originalité de notre roman en vers réside très précisément en ce point: le présent qui intervient dans le récit est celui de la *voix* qui récite sans pour autant dire *je*. Ce n'est plus seulement l'illusion narrative globale qui est mise en échec, partiellement, par la voix poétique: celle-ci s'interpose dans la temporalité même, dans le système des temps qu'elle se donne.

J'interromps ici ces considérations. Mais n'oublions pas le point de départ: la fonction constitutive de la *voix* dans le roman en vers. Nous venons de voir comment elle régit les perspectives de la temporalité. Il resterait à en montrer l'impact sur l'organisation narrative comme telle, non moins que sur le mode de signifiance romanesque: ce seront là deux autres volets d'une triple étude en cours, dont je n'ai pu donner que l'orientation générale.

NOTES

1. Chrestien de Troyes, *Le Conte du Graal (Perceval)*, éd. Felix Lecoy, Les Classiques Français du Moyen Age, 100, 103 (Paris: Champion, 1972-1975), 2 vols. Toute référence se fera à cette édition-ci.

2. Paul Valéry, *Oeuvres*, éd. Jean Hytier, Bibliothèque de la Pléiade, I (Paris: Gallimard, 1957), 1374.

3. Roman Jakobson, *Essais de linguistique générale* (Paris: Editions de Minuit, 1963), p. 232.

4. Voir dans *Perspectives Médiévales* (revue de la Société de Langue et de Littérature Médiévales d'Oc et d'Oïl, Université des Langues et Lettres de Grenoble), no. 3 (1977), la série de débats et contributions diverses dûs à D. Poirion, Chr. Marchello-Nizia, B. Cerquiglini, M. Zink, E. Baumgartner, F. Suard et A. Planche, sous les titres généraux de "La Forme en prose" et "Les Enfances et la prose," respectivement pp. 33-56 et 57-78.

5. L'examen du matériel exhaustif fourni par le dépouillement mécanique de l'œuvre romanesque de Chrétien de Troyes, pratiqué à Montréal sous ma direction, remet en cause, sinon tout à fait la justesse, du moins la généralisation de certaines tendances observées ici. Voir mon article, "Le Présent du récit," *Langue Française*, 40 (1978), où je fais une étude du présent sur des bases sensiblement différentes. L'ensemble de la question sera repris dans un ouvrage en préparation.

6. Lucien Foulet, *Petite Syntaxe de l'ancien français* (Paris: Champion, 1930), p. 220: "Si nous étudions maintenant dans nos textes du XIIIᵉ s. l'emploi des temps, voici ce que nous notons: le *présent de l'indicatif*, le *passé indéfini* et le *passé défini* - *sont employés concurremment dans la narration*, sans qu'on puisse le plus souvent relever entre ces temps de différence appréciable. On paraît surtout chercher la variété." Il est vrai que, un peu plus loin à la p. 329, Foulet introduit d'autres nuances, entre les parties de prose et les parties de vers, mais seulement à propos du passé indéfini.

7. Harald Weinrich, *Le Temps*, trad. M. Lacoste (Paris: Seuil, 1973), pp. 131 ff.

8. Voir notamment celle de Paul Imbs, *Les Propositions temporelles en ancien français*, Publications de la Faculté des Lettres, l'Université de Strasbourg, 120 (Paris: Les Belles Lettres, 1956), p. 263.

9. M. Sandmann, "Syntaxe verbale et style épique," dans *Atti, VIIIᵉ Congresso internazionale di studi romanzi*, II (Florence: Sansoni, 1956), p. 395, voit dans le

recours à l'hypothèse du présent historique un anachronisme, "une modernisation inadmissible." Nous sommes de son avis.

10. Remarquons toutefois que *reprise* ne se confond pas avec *redondance*, procédé narratif dont nous espérons rendre compte dans une étude ultérieure. En d'autres termes, l'emploi du passé semble davantage lié à une visée rétrospective du récit qu'au procédé de répétition.

11. Chrestien de Troyes, *Le Chevalier au lion (Yvain)*, éd. Mario Roques, Les Classiques Français du Moyen Age, 89 (Paris: Champion, 1971).

12. Voir l'analyse que donne Jean Frappier, *Etude sur Yvain* (Paris: C.D.U. et S.E.D.E.S., 1969), pp. 242-43, de la description du cortège funèbre aux funérailles d'Esclados.

13. On peut trouver une excellente présentation en tableau du système de Weinrich dans Jean Michel Adam, *Linguistique et discours littéraire* (Paris: Larousse, 1976), p. 311.

14. Imbs, p. 222.

15. Jean Rychner, *Formes et structures de la prose française médiévale: L'articulation des phrases narratives dans la Mort Artu*, Travaux de la Faculté des Lettres de l'Université de Neuchâtel, 32 (Genève: Droz, 1970).

16. Nous remercions vivement Christiane Marchello-Nizia, professeur à l'Ecole Normale Supérieure de Fontenay (France), qui a eu l'extrême obligeance de mettre cette étude, non encore publiée, à notre disposition.

17. Voir la n. 9.

Robin F. Jones

The Precocity of Anglo-Norman
and the *Voyage of Saint Brendan*

Anglo-Norman literature, like Anglo-Norman language, is a curious blend of the archaic and the new. Epic poems such as the *Gormont and Isembart*, the songs *Roland* and *William*, and the *Pilgrimage of Charlemagne*, have survived in copies made in England at a time when, on the Continent, such works had passed from fashion. In other respects, however, Anglo-Norman literature is unassailably in the van and can lay claim to a significant number of texts, written or copied for use in England, which represent genres cultivated there perceptibly earlier than in France. A list would include courtly narrative, chronicles, mystery plays, saints' lives, and popular science, to say nothing of non-strophic poetry and prose, the first examples of which are equally Anglo-Norman.[1]

The earliest Anglo-Norman text that has been preserved is the *Voyage of Saint Brendan*,[2] composed soon after the year 1100 by a cleric who calls himself, rather enigmatically, "li apostoiles danz Benedeiz" (1. 8).[3] It is a work of unquestionable precocity, but its literary significance has been eclipsed somewhat by its linguistic importance and by its apparently hagiographic subject matter.[4] Beyond the philologists, who disregarded the *Brendan*'s literary qualities, and above those other scholars who dismissed it as religious and didactic, there are those who have seen this poem unlimited by specialization and unjaundiced by prejudice as an important literary monument and as the earliest surviving example of courtly narrative poetry.[5]

Not only is the *Brendan* the earliest surviving example of a narrative literature of entertainment for aristocrats, but it may well be the first story in the vernacular composed in the *privacy* and *freedom* of an *author's imagination* and set down in writing to be *read* rather than sung to an audience. The significance of this act and its importance as concerns the nature of early medieval narrative becomes apparent when the written composition and courtly application of the *Brendan* are seen in relation to the oral style and popular application of the saints' lives and of the *chansons de geste*: in the field of vernacular narrative, these are the *Brendan*'s sole predecessors and contemporaries.

Divergent classifications of the *Brendan* are not new. There are six extant manuscripts of Benedict's poem, and in two of these it receives the Latin title *Vita Sancti Brendani*—the *Life of Saint Brendan*; but whereas in one manuscript (Paris, B.N., nouv. acq. fr. 4503, fols. 19v-42r) it forms part of a collection of saints' lives, in the other (York, Dean and Chapter Library, 16 K. 12, part 1, fols. 23r-36r) it is included with a collection of fables by Marie de France and an unknown author. It is with Marie that Benedict rightly belongs, for his *Brendan* is not a conventional saint's life at all, or even a religious work in the sense this term assumes when applied to early hagiographic works such as the lives of St. Alexis, Ste Foy, and St. Léger. These follow a fairly set pattern. They were apparently composed to be sung or recited in church on the feast day of the saint and were addressed to the entire Christian community.[6] Benedict, on the other hand, wrote his poem to entertain a queen of England and, in all probability, to amuse polite society at the court of Westminster.

The poem begins with a dedication to the patroness at whose command it was written (ll. 1-18). The identity of the lady herself, however, is something of a vexed question, for her name in the manuscripts is given as both Mahalt and Aaliz, that is Maud and Adeliza, the first and second wives of Henry I. This single variant is responsible for the great variation that occurs in the dating of the *Brendan*. It has been put as late as 1130, but a date as early as 1100, the year in which Henry took Maud to wife, is not impossible. In an article devoted specifically to this problem, R.L.G. Ritchie argues persuasively in favor of Maud and for dating the poem dedicated to her around the year 1106.[7] In this year, she established herself at the court of Westminster, where, in the fullness of time, she gained the reputation of a generous protectress of clerks, scholars, and poets.[8]

As told by Benedict, the *Voyage of Saint Brendan* is an entertaining yarn about a mariner monk or, as John H. Fox would have it, "a tale of mystery and imagination which lifts people out of the humdrum of their daily lives, unfolding before their eyes the romantic and colourful spectacle of an otherworld where dreams and reality converge."[9] The traditional details of the saint's birth, adoption of a life of poverty, pious service, ultimate recognition, and unsollicited glory which are the very substance of the *Alexis*, for example, are dismissed by Benedict in a few terse lines (ll. 19-38). To continue the comparison, the sea voyages which, in the *Alexis*, provide mere links between episodes, and which are consequently recounted in a mere fourteen verses (ll. 76-80, 191-95), constitute in Benedict's poem virtually the entire story.

An adventure story rather than a *vita*, the *Brendan* is made up of a series of events which are largely fortuitous: they are not actions brought about by the decisions of a hero who is consistent in his behavior, but are happenings which befall him because he is the chosen one and because he is destined for them.[10] Troubled by curiosity, the saint abandons the security of his abbey and sets out in a coracle of wicker and hide in search of Paradise. He and his crew follow "la veie qui bien les duit" (l. 266) from adventure to adventure or find their way "cum se lur fust destinée" (l. 800) deep into a world of marvels and danger. Here they wander for seven years in geographical circles and liturgical cycles until finally they are rewarded with a glimpse of that which they seek. "The series of adventures," as E.G.R. Waters remarked, "has become a series of trials; it was necessary that the monks should be purified by voluntarily enduring toil, hardship, and peril, that they should learn wisdom and acquire complete confidence in God before they could be worthy to enter Paradise."[11] Related to the themes of election and trial is that of isolation. To complete their quest, Brendan and his crew must quit the quiet order of their abbey and leave behind fellows (ll. 154-56), relations (l. 159), and the friends they make on their travels (ll. 773-80, 895-96).

The quest for paradise in a world fraught with danger, the trial by adventure of a chosen hero far from his community, this is the very stuff which was to delight aristocratic audiences on the Continent some sixty years later—only the nature of man's paradise was to change.

The narrative status of the *Brendan*, like its social standing, is equally suggested by the prologue. In previous studies, the inferences which may legitimately be drawn from Benedict's opening remarks have been obscured by a tangle of problems arising from divergent manuscript readings and from questions of textual interpretation: specifically, the name of Benedict's patroness, the identity of the poet, and the meaning of "en letre" in ll. 10 and 11. Only the last of these issues is of interest here; it concerns the medium through which the poem was to reach its public, that of the written text.

The context in which "en letre" occurs reads as follows:

> Que comandas, ço ad enpris,
> Secund sun sens en letre mis,
> En letre mis e en romanz
> Esi cum fud li teons cumanz,
> De saint Brendan le bon abeth. (9-13)

In his edition of the *Brendan*, Waters suggested the following translation for these lines: "What thou didst command, that he has undertaken; to the best of his ability he has put into writing in the Romance tongue, as thy command was, the story of the good abbot Saint Brendan."[12] The difficulty is the repetition of "en letre": "Que comandas, ço ad enpris, / Secund sun sens en letre mis, / En letre mis e en romanz . . . ." Troubled by the attention drawn thereby to the act of writing, M. Dominica Legge

suggested that "en letre" be translated "in Latin."[13] Queen
Maud was the product of a convent education, and she is known
to have been a competent Latin scholar. But linguistic evidence
in support of this reading is at best slender and becomes insignificant when weighed in the balance against the very numerous
examples in which "letre" means "writing."[14] In a spirit of com-
promise, the following interpretation might be countenanced:
"in writing, in Latin and in Romance." But no Latin version of
the story by Benedict has turned up, indeed it is unlikely that
he ever actually composed one, for there was already in existence an accessible and immensely popular account in Latin
prose, the *Navigatio Sancti Brendani*. Whether "en letre" be read
"in Latin and in Latin" or "in writing and in Latin," Legge's
suggestion creates more difficulties than it resolves. It seems
reasonable, therefore, to reinstate the original interpretation
proposed by Waters. A minor difficulty yet remains: it is the
conjunction in l. 11: "En letre . . . e en romanz." This difficulty
was obscured by the freedom with which Waters translated the
line: "he has put into writing in the Romance tongue." It is
resolved, however, if "e" be read with adverbial force—"and
indeed"—a value which enjoyed wide currency in Old French.
This makes possible the following reading of the passage: "What
thou didst command, that he has undertaken; to the best of his
ability he has put into writing, into writing and indeed in the
Romance tongue, as thy command was, the story of the good
abbot Saint Brendan."

In view of Benedict's clerkly background, the attention he
draws to writing in the Romance tongue is understandable
enough, for in his case Latin would have been more usual. As
for Maud, who was a Scot, the more usual idiom would hardly
have been French. But what is infinitely more important is
the reference the prologue is now seen to contain to an author,
Benedict, who deliberately emphasizes the act of writing a story
and, what is more, of writing it in the vernacular for an aristocratic audience "secund sun sens." The translation thus far suggested for this phrase—"to the best of his ability"—does not
adequately convey the full force that the term *sens* assumes in
this context: it means "according to the author's talent, wisdom

and knowledge," a sense very widely borne out in the vernacular literature of the Middle Ages, where, as here, it is associated with the familiar exordial topos that the possession of knowledge imposes on the possessor the duty to impart it, or in Benedict's own words:

> Mais tul defent ne seit gabeth,
> Quant dit que set e fait que peot:
> Itel servant blasmer ne steot;
> Mais cil qui peot e ne voile,
> Dreiz est que cil mult s'en doile. (14-18)

("But do thou preserve him from being derided, since he says what he knows and does what he can. Such a servant should not be blamed; but when a man can, and will not, it is right that he should greatly suffer for it.") The phrase "secund sun sens" consequently implies more than the mere transmission of a story "to the best of the poet's ability"; coupled with "en letre" and the mention of the writer's name, it suggests the application of the personal knowledge, discernment, ideas, and talent of an individual author to the written composition of a narrative text.

By presenting his story as a personal creation and as a written text, Benedict fosters a relationship between himself, his work, and his audience, which is essentially different from that which joined the early religious and epic poems and their public. The epic poems, it has been cogently argued, were orally composed, that is, created without the agency of the written word on the inspiration of the moment by a virtuoso who drew upon a store of conventional formulae and who was guided by a conventional grammar in combining and mixing them. Each successive performance renewed and transmitted the story, adapting it to the tastes and needs of the audience and to the conditions of the moment. Each story evolved from a collective effort, therefore, from an act of collaboration between poet and public, which reached back through the years to the first cause which inspired it and which joined singer and listener in a contract of familiarity in the present. Consequently, the singers of these songs were not so much creators as they were instruments through which a traditional story assumed a conventional form consistent with the expectations of those for whom they chose to sing. Benedict, however, by virtue of his *sens* and the process of writing, creates a less contingent, more highly personal, individual work, one which in principle would be unthinkable and unknowable without him and which is fixed forever in manuscript.[15] The early hagiographical works, like the *Brendan*, were in all probability composed in writing by clerics, but they are cast in the oral style. They have the same major stylistic characteristics as the epics and enjoy the same contract of familiarity with their public.[16]

As regards Benedict's *sens*, it is worth noting that he necessarily enjoyed a greater freedom to invent and create than did his epic and hagiographic counterparts. This freedom he had in spite of the fact that he was *retelling* the story of Saint Brendan. Because he wrote for a court audience, he would not have felt the constraint of the requirements and familiar code of public worship in church; nor would he have felt the constraint of the past, for unlike the singer of epics who reminisces on the patrimony of historical events alive in the memory of the community for which he performs, Benedict writes of events which are not part of this inheritance. It is true that Brendan is an historical personage and that his voyage may have a basis in fact, but the account of the wanderings of an Irish saint can hardly be regarded as forming part of the collective experience of a Norman audience in England.

Before passing on to examine the consequences of these differences at the level of narrative discourse, it is well to recall a third change signaled by Benedict in his prologue, that of the conditions in which the text was realized. In view of the content, form, and general tone of the *Brendan* and the fact that it was written at the command of Queen Maud in her Westminster years. it is a reasonable assumption that it was composed to be read to a select company of gentlefolk gathered together in bower, or solar; the early religious and epic poems, it has been suggested, were performed for frequently boisterous, mixed audiences, in church, market place, and great hall.[17]

The general absence of causal, temporal, and modal relationships and connectives in early saints' lives and *chansons de geste* is too well-worked an issue to require extensive treatment here. It is enough to recall the marked tendency of these works to dispense with subordination and sequence in syntax and composition in favor of the juxtaposition, opposition, and repetition of independent units. The organization of these units into rational causal sequences, and their reduction into understandable structures, falls heavily upon the listener, who is called upon to contribute to the poem his familiarity with the tradition the poet transmits; specifically, of the characters, views, and principles, which form the bases of actions and events, and of the conventionalized formulae in which they are expressed. Since Benedict does not transmit a tradition in a conventional way, but tells a story "secund sun sens," the process of organization necessary to its understanding must be set in motion, or cued, by the text itself.[18]

That the need to cue meaning was indeed felt is suggested by the presence in the text of a number of intrusions in which Benedict explicitly comments upon the religious and moral implications of actions and events (e.g., ll. 241-46, 371-76, 957-62). In so doing, he provides a gloss, parallel to the story, through which are made evident the general truths in terms of which actions and events may be organized and understood. Response to this need is also apparent in Benedict's syntax; here it manifests itself as a pronounced shift away from the parataxis of other early monuments to a more complex period—one which is capable of acting upon the reader or listener and of guiding his understanding by means of subordination and sequence. These properties are well illustrated in the following passage:

> Li abes Brendan prist en purpens,
> Cum hoem qui ert de mult grant sens,
> De granz cunseilz e de rustes,
> Cum cil qui ert forment justes,
> De Deu prïer ne faiseit fin
> Pur sei e pur trestut sun lin,
> E pur les morz et pur les vifs—
> Quer a trestuz eret amis;
> Mais de une ren li prist talent,
> Dunt Deu prïer prent plus suvent,
> Que lui mustrast cel paraïs
> U Adam fud primes asis,
> Icel qui est nostre heritét
> Dun nus fumes deseritét. (39-51)

It will have been noticed that Benedict is using the octosyllabic couplet, a meter pioneered at the English court which later became the standard form for romance in any dialect. Compared with Chrétien's flowing discourse, these verses may appear somewhat artless, but for the period in which they were written they are remarkable for their elasticity and movement. They consist of three distinct sentences so connected that it would be difficult to punctuate them correctly other than as forming a single complex structure. The principal verbs of the first and second sentences are linked closely by the shared prepositional complement: "De Deu prïer" (l. 43)—"Li abes Brendan prist en purpens . . . de Deu prïer . . . de Deu prïer ne faiseit fin." This link is even more powerfully tempered by the bold enjambement of the hemistich which results (l. 46). The final sentence is coordinated with what precedes by means of the conjunction "mais"; it introduces the specific purpose of Brendan's devotions by means of a modal relationship and then flows along to the end in a prattle of dependent clauses. The whole forms a connected climactic movement, which leads from the general ("Deu prïer") to the specific ("Mais de une ren Deu pri plus suvent"), gradually focusing attention on the real purpose of Brendan's prayers, while at the same time providing primary information necessary to a grasp of the situation and of the saint's behavior. In older texts, it was usual for the couplet to coincide regularly with the movement of the syntax, thus forming a metrical unit and a unit of sense of, say, 2, 4, or 6 lines, but never of 3, 5, or 7.[19] The view seems to have become entrenched that freedom in the use of the couplet did not truly begin until Chrétien decided to violate it.[20] In the *Brendan*, however, under pressure from Benedict's use of language, the cohesion of couplet and sense is frequently dissolved, and numerous enjambements do occur.[21]

Meaning is also signaled by a narrative language of systems and structures which all texts possess to a greater or lesser degree. While recognizing the universality of this language, the *Brendan* may yet be distinguished from earlier works in that new horizons for its exploitation have been opened up by the switch from strophic poetry to the octosyllabic couplet, the latter standing in relation to the former virtually as prose to verse. In works such as the *Alexis* and the *Roland*, the strophe or *laisse* constitutes not only a metrical unit, but a self-contained narrative unit as well. The result is a mosaic of independent blocks (apparent to the ear by reason of the common assonance) which are more or less closed upon themselves and which consequently impose themselves more or less upon the narrative structure, and so forth. The octosyllabic couplet, however, introduced a continuous uninterrupted narrative mode which accommodates succession and subordination, as opposed to contiguity and cumulation, and permits, but for the limits of the couplet itself, an entirely untrammeled narrative and semiotic rhythm.[22] All of this, the various levels of language and the metrical form, leads to a seemingly paradoxical situation whereby the logically and causally motivated actions of the early religious and epic poetry are recounted paratactically, whereas the logically unconnected events and happenings of the adventure story, which after all is what the *Brendan* is, are presented hypotactically.

This situation has been accounted for in terms of the relation of the author to his material and of the accessibility of meaning, but it was doubtless encouraged a great deal by the conditions in which courtly and non-courtly literature was performed. The early saints' lives and *chansons de geste* had to be understood at a single hearing and to hold the attention and sustain the interest of a motley, diversified public in frequently unfavorable circumstances. Parataxis is well suited to such conditions, for by dispensing with syntactic composition and the expression of temporal and rational sequence, it invites simple acceptance, not contemplation. It also invites participation, for whether deliberate or unintentional, the vacuum created by the silent intervals between ideas and episodes draws the listener in, urging him to recall the tradition and to contribute from it all that the song has left unsaid. To anticipate a possible charge of self-contradiction, this constitutes a spontaneous act of completion, not contemplation. Finally, the mosaic of independent verbal and narrative units which are spawned by the paratactic mode result in what Gaston Paris has described as "une suite d'explosions successives,"[23] valid not only as statements of what happened, but as moments of great dramatic intensity as well. In all

these respects, parataxis is supported by a constellation of figures which, because they invite acceptance, promote participation and appeal to the emotions, command attention; such are
apostrophes to the public, exclamations, epic foreshadowing,
and formulaic diction and composition, to name but the most
important.

If parataxis urges the listener to participate in the performance
of the song and to recall the tradition which justifies its existence, hypotaxis urges the reader to use his reason and to retrace
sequences of ideas, actions, and events to detectable meanings.
Consequently, the appeal of the *Brendan* is to the intellect, rather
than to the emotions; it asks to be questioned and understood,
rather than merely heard. This view is consistent with what is
known of Queen Maud and her education and with the conditions in which the poem was in all probability performed. It is
consistent with the gloss provided by the author's intrusions,
for this invites the intellectual play of interpretation beyond the
literal meanings of the words. And it is consistent with the sustained use in the *Brendan* of an ironic perspective incompatible
with participation and celebration, but conducive to detachment
and assessment. All narrative is more or less ironic, in that the
reader is not involved in the action described and enjoys, for
this reason, a certain superiority over those who are. In the religious and epic poems considered above, this superiority is dimin-
ished by the devices mentioned. In Benedict's poem, however,
it is cultivated; the means whereby this is done lie in the dispar-
ity of knowledge between the saint, who is privileged with fore-
knowledge of the itinerary (ll. 137-41) and of the fate of his
crew (ll. 195-98), as well as with divine instructions on what to
do (e.g., ll. 423-34), and the crew, who are not. Inevitably, the
reader is inclined to identify with the hero and to participate in
his superiority over the monks who man the coracle. The use to
which this simple mechanism is put is well illustrated in the episode of the Great Fish. Brendan directs his crew to disembark
at what appears to be an island and to prepare a paschal feast,
but himself remains safely aboard. The monks light a fire and
cook the food. Just as they are about to serve it, the island,
which is in reality a whale, begins to move; in predictable

consternation and great confusion, the monks madly scramble back into the coracle, but not before getting a good soaking: "Parmi tut ça muilent lur dras / Enz en la nef entré sunt tuit" (ll. 462-63). Brendan explains the marvel and observes that it was God's purpose to bring them to this place in order to make them wise and to bind them to Him in fear and faith through the demonstration of the wonders of His creation. Detached from these events by the superiority he shares with Brendan and free, therefore, to exercise his judgment of them, the reader is invited to assess the monks' panic in terms of the explanation offered by the saint at the end of the scene.

By reason of the circumstances of its composition, the conditions of its performance, and the way in which it is told, the *Brendan* stands apart from the surviving epic and religious works to which it has been compared. Where then does the *Brendan* belong, and what does it reveal of the nature of early medieval narrative? It is true that Queen Maud chose for her entertainment a story about a saint, rather than one about a lover, but unless a quirk of taste is to be admitted as legitimate grounds for discriminating against the *Brendan*, it is difficult to exclude it from consideration as a courtly narrative. In Ruth J. Dean's words, "In spite of its apparently hagiographic subject, it belongs in the category of romance, for it is essentially a good story told to a courtly audience."[24] It is now possible to go somewhat further. Benedict, his text, and his audience stand in a relationship not essentially different from that in which stand the author, text, and audience of *Erec*, for example, or *Yvain*, or *Lancelot*. In all these cases, albeit at a distance of sixty years, a creative writer assumes non-traditional material, invests it with his meaning, and destines it to be read to an aristocratic public. The way in which Benedict coped with this relationship at the level of the narrative discourse significantly broadens the horizon of the communication of narrative meaning for the early twelfth century. As for the literary production of the middle and later years of this century, it is only by overlooking this work that it remains possible to accept the entrenched views that romance begins with the *romans antiques*, for example, or that the couplet did not develop elasticity until Chrétien used it. To admit this evidence is not only to modify traditional views of basic issues, but also to permit a more subtle appreciation of romance. It is one thing to compare epic and romance, as is generally the practice, and quite another to compare one sort of romance with another. Hagiographic romance is a curious combination, but the *Brendan* attests to its existence, as also does Chrétien's *Guillaume*. Hagiographic or not, it is a romance for all that, and the first surviving example in Old French. It may well be that the Norman in England clung to the epic longer than did his continental counterpart, but he apparently developed a taste for romance somewhat earlier.

NOTES

1. See M. Dominica Legge, "La Précocité de la littérature anglo-normande," *Cahiers de Civilisation Médiévale*, 8 (1965), 327-49, and Ruth J. Dean, "What is Anglo-Norman?" *Annuale Mediaevale*, 6 (1965), 38-46.

2. E.G.R. Waters, ed., *The Anglo-Norman Voyage of St. Brendan by Benedeit* (1928; rpt. Geneva: Slatkine, 1974). Future references to the *Brendan* will be to this edition.

3. On Benedict's name, see Emmanuel Walberg, "Sur le nom de l'auteur du *Voyage de Saint Brendan*," *Studia Neophilologica*, 12 (1939), 46-55. Brian Merrilees has recently suggested to me that "apostoile" means "legate."

4. See M. Dominica Legge, *Anglo-Norman Literature and Its Background* (Oxford: Clarendon Press, 1963), p. 18.

5. See Legge, *Anglo-Norman Literature*, p. 17, and Dean, p. 41.

6. See Paul Zumthor, *Essai de poétique médiévale* (Paris: Seuil, 1972), pp. 312-13, and J.W.B. Zaal, *'A Lei Francesca,' (Sainte Foy, v. 20): étude sur les chansons de saints gallo-romans du XIe siècle* (Leiden: Brill, 1962), pp. 127-30.

7. R.L.G. Ritchie, "The Date of the Voyage of St. Brendan," *Medium Aevum*, 19 (1950), 64-66.

8. See Legge, *Anglo-Norman Literature*, p. 9.

9. John H. Fox, *A Literary History of France: The Middle Ages* (London: Benn, 1974), p. 42.

10. In this connection, note the distinction between epic and romance drawn by Hegel, *Asthetik*, ed. Friedrich Bassenge (Frankfurt: Europäische Verlagsanstalt, 1966), p. 947; see also Hans Robert Jauss, "Chanson de geste et roman courtois," in *Chanson de Geste und höfischer Roman*, Heidelberger Kolloquium, 30 (Heidelberg: Winter, 1961), pp. 71-72.

11. Waters, p. civ.

12. Ibid., pp. xxii-xxiii.

13. M. Dominica Legge, " 'Letre' in Old French," *Modern Language Review*, 56 (1961), 333-34.

14. See Tobler-Lommatzsch, *Altfranzösisches Wörterbuch*, V (Wiesbaden: Steiner, 1963), cols. 339-40, 1742.

15. Marie-Louise Ollier, "Le Roman courtois: manifestation du dire créateur," in *La Lecture sociocritique du texte romanesque*, eds. Graham Falconer and Henri Mitterand (Toronto: Hakkat, 1975), pp. 177-79.

16. See Zaal, pp. 72-116.

17. See M. Dominica Legge, "The Influence of Patronage on Form in Medieval Literature," in *Stil- und Formprobleme in der Literatur*, ed. Paul Böckmann (Heidelberg: Winter, 1959), p. 136.

18. Cf. Gérard Genette, *Figures II* (Paris: Seuil, 1969), pp. 71-99.

19. See Paul Meyer, "Le Couplet de deux vers," *Romania*, 23 (1894), 1-35.

20. See, for example, Jean Frappier, "Sur la versification de Chrétien de Troyes: l'enjambement dans *Erec et Enide*," *Research Studies*, 32 (1964), 41-49.

21. See Waters, pp. l-lii.

22. Cf. Zumthor, pp. 340-41.

23. Gaston Paris, *La Littérature française au moyen-âge*, 6th ed. (Paris: Hachette, 1913), p. 62.

24. Dean, p. 41.

John L. Grigsby

The Ontology of the Narrator in Medieval French Romance

Questions concerning the nature and ontological situs of the "being" who tells a story seem so banal as to require no discussion until we try to answer them. Then the responses become as elusive as attempts to define literature or personality. It is axiomatic that even though a text may emanate from an individual, once created, it assumes a separate existence. Indeed, the epic in medieval France, if a certain school of criticism is right, changes its form and substance each time it comes into existence, orally performed, orally composed before an ever-changing audience. Stendhal claims to have left the finishing touches of his manuscript of *Le Rouge et le Noir* to his editor as he fled the country. For decades, readers of José Martí's poems studied texts far different from those written by the poet himself.[1] All these avatars of group composition in modern times have been skillfully elucidated by James Thorpe,[2] so that it is unnecessary to tarry over the genesis of literary works here except to postulate once again that those voices we hear in the poem live their own lives, to emphasize that it is truly impossible to contest the "Spitzerian split": the narrator is not the author, can no longer BE the author the instant his poem begins to exist in the mind(s) of his public, no matter how many resemblances to him it may contain, even when he says "I." The modern narrator, who is more likely to delude us than the medieval, is, as Proust put it, "un monsieur qui raconte et qui dit 'je'. . . qui est Je et qui n'est pas toujours moi."[3]

The medieval narrator is a composite of traditions behind which the person of the author is at times barely perceptible. The accumulations of *topoi* gathered together under an "author principle" has led Curtius' followers to excise for separate study those minute traditions called commonplaces, and brought on the inevitable cries of "foul" from the more subjective unity-seekers, such as Alberto Vàrvaro, who condemns the destruction of textual integrity.[4] In the same camp we find Dámaso Alonso, who discourages "the detailed study of the diachronic or synchronic continuity of themes and formulas" and maintains that "true literary investigation bears on the discovery of the uniqueness of a work."[5] Rosa Lida de Malkiel also warns against the exaltation of the *topos* at the expense of individual artistry: "Por un lado el crítico, indiferente a la esencial unidad de la obra concreta, la fragmenta en átomos conjeturales—los tópicos de Curtius o las cantilenas de la teoría romántica en la epopeya—; por el otro, se precipita a asir la palpable semejanza material, sin parar mientes a la íntima, irreductible diversidad."[6] Despite these indisputably worthy justifications of unity, too often the "irreducible diversity" becomes elusive, ideal, conjectural or over-universalized by the critic. The only sure means of preserving the integrity of a literary work is to repeat it verbatim, in short to renounce critical analysis. Let us glance for a moment at a sample of the method practiced by an opponent of the Curtius school, Alberto Vàrvaro. If Vàrvaro condemns the excision of *topoi* as a mechanical operation, his own attempts to interpret the narrator within the text cast objectivity to the winds. We recall the passage in Béroul where Tristan, alone in the chapel, decides to escape from his captors by leaping out the window overlooking a steep cliff: "A soi l'en traist a sa main destre, / Par l'overture s'en saut hors; / Mex veut sallir que ja ses cors / Soit ars, voiant tel aünee."[7] Vàrvaro claims that "the narrator, having arrived at the point of greatest dramatic tension ('s'en saut hors'), intensifies rather than weakens it by not putting the desperate reasoning of the . . . verses into Tristan's mouth but expressing it in the third person, thus showing that he himself participates in the mortal risk of his hero."[8] One can argue just as convincingly and subjectively that the thoughts placed in the first person would be more intense and certainly more dramatic than the third-person mediation by the narrator. Witness the burst of intensity in Nicolete's direct discourse before her own desperate flight: "He dix! fait ele, douce creature! Se je me lais caïr, je briserai le col, et se je remain ci, on me prendera demain, si m'ardera on en un fu. Encor ainme je mix que je muire ci, que tos li pules me regardast demain a merveilles."[9] Who can say which is the more "intense" means of portraying a protagonist's dilemma? Most of us might very well choose the second because it is dramatic, shown rather than told. If personal reactions such as Vàrvaro's can give us an impression other than our own of a poem, the more precise objectivity of, say, a Curtius disciple can lead to a better view of the relationship of author to narrator, of the poem to audience, and in short of the ontology of literature.

Beyond the individual, claims Michel Foucault, there lives a multitude of discourses. The author, especially the medieval, puts into his narrator's mouth some of this discourse: "Il existe, tout autour de nous, bien des discours qui circulent, sans détenir leurs sens ou leur efficacité d'un auteur auquel on les attribuerait: propos quotidiens, aussitôt effacés; décrets ou contrats qui ont besoin de signataires, mais pas d'auteur . . . ."[10] In Foucault's view, discourse is limited in its nearly anarchical freedom by several principles, one of which is the Author Principle, a grouping force, a focus of coherence, a unity and source of meanings, but not necessarily an individual who speaks or writes a text ("l'individu parlant qui a prononcé ou écrit un texte").[11] Texts derive much of their unity from the Author Principle. Literary discourse is floating about unleashed until the Author inserts it into reality: "L'auteur est ce qui donne à l'inquiétant langage de la fiction, ses unités, ses nœuds de cohérence, son insertion dans le réel."[12] Foucault would like to go so far as to deny the existence of a writing and inventing individual, but recognizes the absurdity of such a rash claim. He proposes instead a "fonction auteur" which is prescribed by each era, but which may also react upon and change each era's prescription. Can we not admit, with no other basis than our own experience with language, that something outside and independent of the author finds its way into the text over his signature? Is it not just as easy to admit that the voice purportedly speaking as author, i.e., the narrator, is separate from him?

Foucault's discourse, free, expansive, variously controlled, existing secondarily and parasitically beside other beings, contains a notion very close to Octavio Paz' concept of mythical ontology: "Myths communicate with each other by means of men and without men knowing it."[13] Recalling that similar ideas were expressed by adherents to Romanticism (especially German) and Surrealism, he argues that "it is not the poet who makes use of language, but rather language which speaks through the poet,"[14] that myth is often unconsciously passed on, but that the poet is aware of his role as the instrument of language. Such ideas can very quickly and unnecessarily be clothed in religious garb, like Croce's Universal Spirit and Spitzer's Spiritual Etymon, if the critic is so inclined. What is important for us here is that both Foucault and Paz, for different reasons and by different paths, insist on an extra-individuality in language. And if it exists in language, it must also belong to the mirror of language which is literature.

Few have been able to describe better than Proust the elusive, intricate relationship between author, work of literature, and reader. He, too, is tempted to believe in the existence of some sort of extra-individual, yet universal, consciousness from which particles are drawn off and filtered through literature: "mon intelligence devait être une, et peut-être même n'en existe-t-il qu'une seule dont tout le monde est co-locataire, une intelligence sur laquelle chacun du fond de son corps particulier, porte ses regards, comme au théâtre où, si chacun a sa place, en revanche, il n'y a qu'une seule scène."[15] After this statement reminiscent of Croce, Marcel analyzes the specific mechanics of the sharing of intelligence, i.e., literature at work. He is meditating on his relationship to the novelist Bergotte, with whom he has just spoken: "Sans doute, les idées que j'avais le goût de chercher à démêler n'étaient pas celles qu'approfondissait d'ordinaire Bergotte dans ses livres. Mais si c'était la même intelligence que nous avions, lui et moi, à notre disposition, il devait, en me les entendant exprimer, se les rappeler, les aimer, leur sourire, gardant probablement, malgré ce que je supposais, devant son œil intérieur, une tout autre partie de l'intelligence que celle dont *une découpure avait passé dans ses livres* et d'après laquelle j'avais imaginé tout son univers mental."[16] The literary work is then a point of focus, a playground of ideas, which author and reader may visit, enjoy, and whence proceed to their own separate lives and imaginations, for what Bergotte keeps behind "his interior eye" remains inaccessible to Marcel. Too often Proust insists on the fragmentation of a single being to admit that two different persons may remain permanently in communication, or even achieve accurate contact: "Un même être, pris à des moments successifs de sa vie, baigne à différents degrés de l'échelle sociale . . . ,"[17] comments Marcel on the social status of the individual, who is a succession of beings: "De sorte qu'il n'est pas certain que le bonheur survenu trop tard, quand on ne peut plus en jouir, quand on n'aime plus, *soit tout à fait ce même bonheur* dont le manque nous rendit jadis si malheureux. *Une seule personne pourrait en décider, notre moi d'alors; il n'est plus là . . . .*"[18]

Today's authors continue to confirm that, as individuals changing, as individuals with their own concept of themselves, they become separate from the work they have created. "Quand je [lis certains de] mes poèmes, je ne sais si c'est moi ou l'autre en moi qui les a écrits."[19] Thus the Canadian poet Jacques Brault affirmed on French radio that he and his writing self were two persons. Conversely, fiction may also infiltrate the real lives of authors. Julien Gracq in his most recent collection of memoirs testifies that he is unsure of the sources of his creation, whether the visions he recreated in his novels were shaped from his own experience, from some momentary desire, or from flawed memory: "Pendant deux ans—de 1942 à 1944—alors que j'habitais Caen, l'accès de la côte, à une quinzaine de kilomètres à peine, me resta interdit par l'occupation allemande, mais la direction de la mer, abstraitement, réglait l'orientation de mes promenades. . . . Peut-être la ligne des patrouilles qui sabre dans mon roman la carte de la mer des Syrtes est-elle fille de cette ligne de démarcation—moins connue que l'autre, et d'ailleurs peu surveillée—qui verrouilla pour moi pendant deux ans l'accès de la bande côtière."[20] His memory convinced him that he had often taken the coastal train to Caen, but historical reality, the German Occupation, denied it. He is fascinated by the fusion of his own life with fiction, specifically with Proust's fictitious train to Balbec: "Ce ne serait pas la première fois que j'observe combien le souvenir qui s'éloigne devient perméable à une fiction littéraire, quand elle est restée à l'esprit présente et forte, au point d'accepter, si cette fiction s'adapte par hasard à un espace usé de la mémoire qui montre la corde, de se laisser rapiécer par elle sans façons."[21]

When our own contemporaries express so vividly the elusiveness, the fragmentation of their own personality, the interchangeability of memories, the feeling that some exterior pan-consciousness can be penetrated by literature, it is no wonder that in some eras, namely the early Middle Ages, the very notion of Author was almost unknown. Zumthor[22] suggests that the designation "continuator" is more appropriate for this mentality that truly considered literature as a common pool of consciousness into which all could fish with no risk of condemnation for plagiarism. For Zumthor, "le poète est situé dans son langage plutôt que son langage en lui."[23] Language flows into the nooks and crannies of his desires, takes over from him in his discourses, and yet at the same time he composes with it.[24] The author officiates as a coordinating center for the text, while in the text individual and historical structures merge.[25] The poet in the text is a being who has escaped from a contingent situation; his presence is equivalent to a ubiquitous rhetorical figure (metaphor, metonymy, even hyperbole or litotes). In creating the text, the poet has "historified a self." Thus, the extra-textual portion of the self is abolished; origins are wiped away, leaving no need, it would seem, to be concerned further about the traditional philological preoccupations with sources and analogues. The voice is smothered in a composite, neutral text, which destroys personal identities.[26] If Zumthor concedes that the text is, nonetheless, spoken by Someone, belongs to

Someone, he insists that a shift has taken place: the author has vanished, leaving only the subject of the speaking act, an articulating power integrated into the text and forever linked to its task.[27] Author and narrator (or voice) are particularly distinct in the Middle Ages. If there is any coincidence between them in medieval literature, we are truly powerless to find it. "Le poète s'introduit dans son langage au moyen de procédés transmis par le groupe social."[28] In other words, convention dominates, or better in the plural, conventions reign. The individual author is rooted in human environment and restructures an Imaginary Being (his narrative voice, his narrator) with elements supplied him by the social group. In such terms, then, Zumthor has reshaped the notions of genesis, sources, and analogues, and leads us to the following redefinition of the medieval narrator: a textual super-ego born from the conventions of a social group and living within a literary structure. The concept elaborated here reminds us of what Booth called the "implied author,"[29] except that Zumthor's "author" is less individual, less a "second self," and more a "textual self."

With the preponderance of tradition and convention, can medieval narrators be identified, distinguished from each other, demonstrate originality? Perhaps not, if one adheres to Gérard Genette's paradigm of the narrator advanced in *Figures III*,[30] for almost all would fall into a single category, what he terms the extra-heterodiegetic. "Extra," for Genette, corresponds to the omniscient author who knows all that happens, but sees it from the outside; "hetero" means non-identifiable with any of the characters in the story. Chrétien de Troyes and Homer have created typical extra-heterodiegetic narrators. The extra-homodiegetic narrator is exemplified by Marcel or Gil Blas, characters within the story who can tell all. "Homo" indicates presence in the narrative. If a character takes over the tale-telling for a while, he is still homodiegetic, but since he views events from within the story's framework, since he may not know all, Genette labels him intradiegetic. Examples are Ulysses and, in Chrétien's *Chevalier au lion*, Calogrenant. But where do we go to locate a narrator in the fourth and last of Genette's categories, the intra-heterodiegetic, i.e., a character in the narrative telling a story from which he is generally absent? Genette proffers Schehere-zade, but his find reminds us of the grammarian diligently rummaging through texts to ferret out real examples of second-person plurals of the imperfect subjunctive. Genette's paradigm yields practically nothing for medieval French romance.

Though Genette's approach fails when applied to twelfth- or thirteenth-century narrative, other contemporary methods have succeeded. Let us pass in review a few studies specifically directed toward medieval texts before making a final observation. For Berceo's thirteenth-century Spanish *Alexandre*,[31] Dana Nelson distinguished two kinds of style, which he termed the generic and the individual. The generic, or communal, corresponds to the traditions and conventions available to the author, Foucault's discourses awaiting insertion into reality, Saussure's *langue* waiting to become *parole*, the pan-consciousness of medieval litera-ture. Nelson categorizes them into formulas of beginning and recall, of overstatement, of brevity, verity, authority, etc. After siphoning off this generic element, he detects an individual style consisting of authorial bias, a reluctant narrator, geographical local color (surely peculiar to Berceo), and the poet's humility. Nelson has gingerly trodden the path between commonplace and uniqueness. He has keenly judged the fragments of the narrator he studied.

In a more traditional investigation, Omer Jodogne attempted to unveil the "writer's personality" of the twelfth and thirteenth centuries.[32] Unfortunately, his method, though starting from the texts, tended to lead him to external concerns, primarily because he too often failed to distinguish between the literary and the historical personalities. His discussion of "la vie litté-raire" treats the interrelationships between real, professional persons. Jodogne unearths comments on the craft of writing, disparaging remarks about rivals, boasts of literary worth, and what he loosely labels "autobiography." His results are meagre, consisting of a few clues to non-literary traits: Conon de Bé-thune's bitterness against those who ridiculed his accent, Jacques d'Ostin's marital happiness, Gautier de Coincy's medical com-plaints. Jodogne argues that manifestations of "personal lyri-cism" appeared early, then became more marked in the thirteenth century—on the way to Villon, whom many critics (perhaps falsely) want to christen "lyric" in the modern sense. His conclusions seem too pat, too transparently in conformance with Darwinian evolution. His search for personality neglects both the fragmented self and the force of tradition.

The peculiar intertextuality of the Middle Ages was better understood by a young scholar, Anne Ladd, who has demonstrated that, like Foucault's discourses, certain fixed literary passages were interchangeable among texts. They lay in a storehouse awaiting an author to reinsert them into a poem, or a romance. The medieval French lyric was not personal, she avers. To repeat her words: "the distinguishing mark of lyric in the Middle Ages is [precisely its] universality of application."[33] In fact, an author could lift a *chanson* or *refrain* from a lyric poem and insert it into a narrative. From then on the "je" or "il" no longer vaguely allude to a type (the disconsolate lover, the revered lady), but to particular characters in a romance, about whom specific information has been provided. This little article by an alert critic about a rather obscure poem (*Le Lai d'Aristote*) demonstrates irrefutably that Foucault's notion of discourse applies to medieval literature. We can corroborate Ladd's thesis by citing the monologues in Chrétien's *Cligés* and *Lancelot*. The characters' laments are transmutations of *chansons d'amour* and repeat the conventional motifs of separation, threatened suicide, the metaphor of the heart leaving the body, Love's arrow piercing the eyes, Reason debating with Love, and so on.

Evelyn Vitz has discovered in the so-called autobiography *Historia Calamitatum* that Abélard refers to "himself" always on a vertical scale, as if moving toward or away from God; he is a *quantity* of "goodness," but rarely of variety situated on a horizontal scale of differences between individuals.[34] "Presque tout ce qui passe pour une 'évolution de la personnalité' dans la littérature médiévale peut être traduit en termes d'ascension ou de chute sur un ou plusieurs de ces axes verticaux."[35] She calls attention to a pertinent development in medieval philosophy at that time: a preoccupation with the definition of the individual. "C'était en fait l'un des principaux sujets de la controverse entre le nominalisme et le réalisme . . . [Abélard, nominaliste,] soutenait que seuls les 'individus' existent, que des termes comme *species, genus,* ne recouvraient pas des réalités, mais seulement, si valables fussent-elles, des constructions intellectuelles, des abstractions *à partir* des cas individuels" (her emphasis).[36] Vitz's investigation reveals that the medieval concept of self included an attitude of one being contemplating another, as if from the outside, and according to a preconceived hierarchy of values. The being is fragmented in a less complex manner than Proust viewed it, but stands in relationship to a larger consciousness (in this case, God), just as spectators in a theater rely on a single stage, just as *parole* depends on *langue.*

Pierre Gallais attempted to find authorial "mentality" by concentrating solely on prologues. He further limited himself to formulas "qui manifestent la préoccupation de l'auteur d'établir le contact avec son auditoire. . . . les témoins explicites de ce contact voulu d'auteur à auditeur."[37] Since his concern was with prefatory matter only, his search for author, rather than narrator, would seem to follow the right path, for prologues are outside the narrative and purport to be non-fiction, but we yearn for cognizance of the narrator in the literary, not the para-literary, situation. Félix Lecoy was right in complaining that Gallais's results were meager and predictable.[38] They proved what we already knew: that epics contain more exhortations to listen than saints' lives or romances. But if the outcome of Gallais's investigation was disappointing, his ambition was admirable, even grandiose. He proposed that a complete repertory of formulas, clichés, and fillers for every medieval author and scribe be established. Despite his shortcomings, his ideas are seminal.

Elsewhere the present critic has studied the fragments of medieval narrators in French romance based on a small corpus of texts.[39] Neither time nor goals permit an elaboration of results here except in the most summary fashion. Chrétien de Troyes's five narrators appear more supple and closer to the story than, say, those of *Joufroi de Poitiers, Le Bel Inconnu,* or *Partonopeu de Blois.* The latter three offered the most sharply dramatized narrators in medieval French narrative up until the advent of Guillaume de Machaut. Some narrators are much more "glib" than others, such as Béroul's, who for that reason has inspired several interesting studies. Surprisingly, the narrator of the *Chanson de Roland*, in Digby 23 at least, is less talkative, less tempted to intrude than Béroul's (the latter purportedly of the *jongleur*'s breed), but the voice in this best-known French epic makes such far-reaching pronouncements that we feel a much stronger presence than in most romances.

It has been our purpose here to examine concepts of the ontology (the mode and situs of existence) of the narrator, especially in medieval French romance. We have insisted that the narrator is a fragmentable being, in imitation of his creator, and that surgery on the text to uncover manifestations of the narrator is always justifiable. The narrator shares existence with discourse, language, clichés, rhetorical figures, the author, the "implied author," and perhaps other ingredients. Before the act of creation, before the author (then the scribe) assembled them in new but precarious tension, they existed separately, so that the critic may rightfully bring each constituent forward, in turn or together. Because the narrative components derive from multiple sources, because they may represent or misrepresent the author, because they may function on several levels, every analyst will surely discover diverse accents in each voice he examines and each analyst's interpretation will undoubtedly reflect the succession of beings which fragment his own life.

NOTES

1. See José Martí, *Versos libres*, ed. Ivan A. Schulman (Barcelona: Labor, 1970).

2. James Thorpe, "The Aesthetics of Textual Criticism," *PMLA*, 80 (1965), 465-82.

3. Quoted by Leo Spitzer in "Note on the Poetic and the Empirical 'I' in Medieval Authors," *Traditio*, 4 (1946), 418. Spitzer claims, p. 419, n. 9: "It is not sufficiently recognized by scholars that Villon's *Grand Testament* is only a pseudo-biographical *cancionero*, comparable to the *Libro de buen amor*, and that to treat it as a biographical document instead of a work of fiction is doing wrong to the work of art."

4. Alberto Vàrvaro, *Béroul's Romance of Tristran*, trans. John C. Barnes (Manchester: Manchester University Press, 1972), p. 68, n. 3. The revised English

version is preferred to the original here: *Il "Roman de Tristran" di Béroul*, Università di Pisa, Studi di Filologia Moderna, Nuova Serie, 3 (Turin: Bottega d'Erasmo, 1963).

5. Cited by Dana A. Nelson in "Generic vs. Individual Style: The Presence of Berceo in the *Alexandre*," *Romance Philology*, 29 (1975-1976), 183.

6. Quoted by Nelson, p. 183.

7. Béroul, *The Romance of Tristran*, ed. A. Ewert, I (Oxford: Blackwell, 1946), ll. 944-47.

8. Vàrvaro, p. 52.

9. *Aucassin et Nicolette*, ed. Hermann Suchier, 8th edition (1912; rpt. New York: Stechert, 1923), prose 16, p. 20.

10. Michel Foucault, *L'Ordre du discours* (Paris: Gallimard, 1971), p. 28.

11. Ibid.

12. Ibid., p. 30.

13. Octavio Paz, *Claude Lévi-Strauss: An Introduction*, trans. J.S. & Maxine Bernstein (Ithaca: Cornell Univ. Press, 1970), p. 39.

14. Ibid., pp. 39-40.

15. Marcel Proust, *A l'ombre des jeunes filles en fleurs*, Folio 86 (Paris: Gallimard, 1954), p. 173.

16. Ibid. (my emphasis).

17. Ibid., p. 109.

18. Ibid., p. 245 (my emphasis).

19. *Poésie ininterrompue*, France-Culture, August 25, 1975.

20. Julien Gracq, *Lettrines 2* (Paris: Corti, 1974), pp. 5-6.

21. Ibid., p. 8.

22. Paul Zumthor, *Essai de poétique médiévale* (Paris: Seuil, 1972), p. 68.

23. Ibid., p. 68.

24. Cf. ibid.: "Sa parole s'immisce dans les failles de ses désirs, parle à sa place dans ses discours, il compose avec elle."

25. Zumthor notes, ibid., "Centre coordinateur du texte, l'auteur nous apparaît, dans l'analyse de ce dernier, en vertu d'une hypothèse concernant l'homologie des structures individuelles et des structures historiques."

26. Zumthor, p. 69, states that: "Toute origine s'efface, la voix s'étouffe dans un texte composite, neutre, oblique, destructeur des identités personnelles."

27. Zumthor, ibid., maintains that: "L'auteur a disparu: reste le sujet de l'énonciation, une instance locutrice intégrée au texte et indissociable de son fonctionnement."

28. Ibid.

29. Wayne C. Booth, *The Rhetoric of Fiction* (Chicago: Univ. of Chicago Press, 1961), p. 73.

30. Gérard Genette, *Figures III* (Paris: Seuil, 1972), p. 256.

31. See Nelson, n. 5.

32. Omer Jodogne, "La Personnalité de l'écrivain d'oïl du XIIe au XIVe siècle," in *L'Humanisme médiéval dans les littératures romanes du XIIe au XIVe siècle* (Paris: Klincksieck, 1964), pp. 87-106.

33. Anne Ladd, "Attitude toward Lyric and the *Lai d'Aristote* and Some Later Fictional Narratives," *Romania*, 96 (1975), 195.

34. Evelyn Birge Vitz, "Type et individu dans l''autobiographie' médiévale: étude d'*Historia Calamitatum*," *Poétique*, 24 (1975), 429-30.

35. Ibid., p. 431.

36. Ibid., p. 434.

37. Pierre Gallais, "Recherches sur la mentalité des romanciers français au moyen âge," *Cahiers de Civilisation Médiévale*, 7 (1964), 482.

38. Review of Gallais, *Romania*, 87 (1966), 134-35.

39. John L. Grigsby, "Narrative Voices in Chrétien de Troyes," *Romance Philology*, 23 (1978-1979), 261-73.

Pierre Kunstmann

Texte, intertexte et autotexte
dans le *Tristan* de Thomas d'Angleterre

On connaît l'état fragmentaire du *Tristan* de Thomas: le morcel-
lement de certaines œuvres médiévales peut s'avérer très grati-
fiant pour le philologue qui y découvre une mine inépuisable de
problèmes sur lesquels exercer sa sagacité, mais le critique littéraire qui refuse d'entrer dans le jeu de la reconstruction philologique ne laisse pas de ressentir une certaine frustration quand il
compare sa matière lacunaire aux textes parfaits et intégraux sur
lesquels se penchent des collègues plus fortunés. Fort heureuse-
ment les principaux passages dont il sera question ici figurent
dans les fragments conservés[1] et nous n'aurons recours qu'à
titre exceptionnel à la version reconstituée par Bédier, bien que
nous n'ayons aucun scrupule à avouer qu'elle nous paraît reposer
sur des fondements solides,[2] contrairement bien sûr à la restauration du "poème primitif" qu'on trouve au deuxième tome de
la fameuse édition.
   Texte, intertexte et autotexte: le texte de Thomas est intertexte au sens où L. Jenny emploie ce terme ("texte absorbant
une multiplicité de textes tout en restant centré par un sens")[3]
et l'intertexte se structure autour du miroir exemplaire que
constitue l'autotexte (terme emprunté à L. Dallenbach, dont le
récent livre *Le Récit spéculaire, Essai sur la mise en abyme*, a

guidé notre étude),[4] ici l'épisode de Tristan le Nain, qui réfléchit la diégèse et permet l'avènement du sens. A un lieu stratégique du récit, au point cardinal des fragments qui nous sont restés, le narrateur brise le fil de la diégèse par une formule d'interpellation consacrée, "Seignurs" (v. 2107), qui permet de désembrayer—débrayer pour embrayer sur le plan de l'énonciation—et s'adressant à son narrataire il lui expose les problèmes de production du texte et lui dévoile son engendrement.[5] Thomas (c'est ainsi que se nomme le narrateur dans ce passage, nous utiliserons donc aussi bien "Thomas" ou "le narrateur" pour désigner l'instance productrice) recourt aux expressions *uni, en uni dire* pour parler de son travail:

> Seignurs, cest cunte est mult divers,
> E pur ço l'uni par mes vers
> E di en tant cum est mester
> E le surplus voil relesser.
> Ne vol pas trop en uni dire . . . . (2107-11)

Mot et locution que glose Bédier en ces termes: "donner, au milieu des variantes contradictoires de la légende, un récit logique et cohérent,"[6] et qui semblent parasynonymiques du *conjointure* d'*Erec et Enide*: "Et tret d'un conte d'avanture / Une molt bele conjointure" (vv. 13-14),[7] où par opposition à *conte* (les récits légendaires transmis par la tradition populaire) *conjointure* prend la valeur de cohérence, d'harmonie interne, de savant agencement des épisodes qui s'oppose au décousu des récits des jongleurs ignares qui corrompent les contes et les détruisent. Cette "synthèse" (suivant l'heureuse traduction de J.-Ch. Payen)[8] la plus intégrative possible présente, par rapport à de nombreux autres textes de conteurs, une originalité (et une authenticité, nous le verrons plus loin) qui risque de ne pas plaire à tout le monde comme Thomas l'indique dans cet autre lieu stratégique qu'est l'épilogue; il n'a d'ailleurs visé qu'un auditoire choisi:

> E diz e vers i ai retrait:
> Pur essemple l'ai issi fait
> E pur l'estorie embelir,
> Que as amanz deive plaisir . . . . (3135-38)

Totalité intertextuelle donc structurée esthétiquement et séman-
tiquement par la fonction de l'exemple, de l'*imago* offerts à un
cercle d'élus.

Pour les besoins de l'analyse du roman on pourrait distinguer
deux types d'intertextualité: une intertextualité générale–l'accueil et la transformation par le texte centreur d'extraits ou
d'échos de toute œuvre constituante de la tradition littéraire à
la cour des Plantagenets dans la seconde moitié du douzième
siècle; et une intertextualité restreinte–les différentes versions
du *conte Tristan*. Dans la première catégorie rentrent les grandes
figures mythiques et les motifs archétypaux qui courent en fili-
grane du début à la fin du roman, lui donnant en sourdine une
tonalité particulière. Il s'agit essentiellement de Thésée et d'Orphée. On a remarqué depuis longtemps les ressemblances entre
l'histoire de Thésée et notre légende.[9] S. Eisner dans un réexa-
men récent de la question a présenté un parallèle détaillé des
actants et fonctions des deux contes (Thésée-Tristan, le Mino-
taure-le Morholt, Ariane-Iseut, Crète-Irlande, Dionysos-Mark,
etc.).[10] Mais la figure d'Orphée semble avoir échappé à l'attention des spécialistes. Tristan pourtant se montre musicien autant
que guerrier, pince la harpe avec autant de bonheur qu'il manie
l'épée. Ecartons le *topos* du chevalier parfait frotté aux arts
libéraux et rompu à la pratique guerrière comme dans l'éduca-
tion du jeune Alexandre. La harpe de Tristan remplit dans le
roman un rôle aussi important que l'épée. C'est avec son instrument qu'il s'impose à Tintagel, qu'il s'abandonne aux flots sur la
barque des morts, et qu'il conquiert Iseut la Blonde. C'est avec
la rote qu'il l'arrache à l'Irlandais qui l'avait ravie à Mark, et
c'est avec des airs de harpe qu'il séduit la seconde Iseut. On peut
ne pas tenir compte d'autres ressemblances avec le créateur de
l'art musical et de la poésie lyrique (passion pour Eurydice, mort
infligée en exil par les femmes thraces dont il repoussait l'amour,
rôle civilisateur et religieux), force est de reconnaître l'importance du chant et de la musique dans ce récit: lyrisme latent
(comme on a parlé de narrativités latentes), non point tant parce
qu'il multiplierait, suivant la remarque de J.-Ch. Payen, "les monologues affectifs qui développent une rhétorique familière aux
troubadours et aux trouvères,"[11] que parce qu'il englobe dans

son collage intertextuel des lais tantôt réduits à l'état de simple allusion (avec des titres aussi significatifs que *Graelent, Thisbé, Didon*), tantôt avec quelques détails développant un embryon de récit comme celui de *Guiron* (histoire d'un amour adultère, de la jalousie et de la vengeance du mari, de la réunion des amants par introjection, engloutissement[12] –la dame mangeant le cœur de son amant, fonction peut-être analogue à celle de la confection de la statue d'Iseut que Tristan fait placer au centre de sa grotte). Ces matériaux enchâssés se plient à l'isotopie du texte centreur qu'ils renforcent, mais qu'ils ouvrent aussi par leur pouvoir de connotation. L'intertexte se grossit également de l'évocation emphatique de deux exploits d'Arthur, le roi exemplaire de la génération précédente. Menacé de scalp par l'Orgueilleux d'Afrique, un géant qui voulait sa barbe, Arthur préféra faire front et en combat singulier décapita son adversaire (scalp et décapitation étant des substituts évidents de la castration). Le second épisode narre comment Arthur abattit un autre géant venu d'Afrique qui, ayant ravi la fille du duc Hoël de Bretagne, voulut en abuser dans sa caverne et l'étouffa de son poids.[13] Précieuses au critique les remarques du narrateur pour justifier ces digressions: "A la matire n'afirt mie / Nequedent boen est quel vos die . . ." (vv. 781-82) (pour l'épisode de la salle aux images on peut conjecturer une expression quasi identique). Bédier essaie aussitôt d'expliquer ces parenthèses par un souci d'ancrage historique, faisant remarquer que l'auteur décalquait le *Brut* de Wace,[14] pièces rapportées cousues au texte, morceaux d'un matériau différent ajoutés à la mosaïque, mais dans un but précis et très significatif. Il est important de lier Tristan dans le texte à la figure du bon père, à Arthur, son idéal du moi:

> Que niz a cestui cist [Orguillus grant] esteit
> Ki les barbes aveir voleit
> Del rei et del empereür
> Cui Tristrans servi a cel jur. (783-86)

L'intertextualité restreinte se limite à la *matire*, au *cunte*; elle concerne la suture, l'assemblage des pièces transmises par différentes branches d'une même tradition. La synthèse n'exclut pourtant pas la sélection. Une fois fixé l'axe central et amorcé le tourbillon centripète, on peut préférer refouler certains éléments réfractaires, facteurs de déséquilibre. Ainsi Thomas écarte la folie de Tristan qu'on trouve dans la version d'Eilhart et que Bédier place dans le "poème primitif." J.M. Lefebve note à ce sujet dans *L'Image fascinante et le surréel*: "Le miroir est accroché en plein milieu du récit. Tristan mime son propre personnage . . . . Supposons à présent que le conteur, dans la relation qu'il fait au roi, introduise, comme l'a fait Bédier dans sa reconstitution, l'épisode de Tristan fou, et nous aurions le procédé d'*Hamlet* et celui attribué aux *Mille et Une Nuits* couplés en un seul tour de passe-passe littéraire."[15] Allusion aux remarques de Borges sur Hamlet spectateur d'*Hamlet* et sur la six cent deuxième nuit qui, embrassant toutes les autres, s'embrasse elle-même.[16] Pourquoi Thomas n'a-t-il pas retenu ce magnifique exemple de mise en abyme? On se risquera à répondre que cela n'aurait pas cadré avec son dessein d'ensemble et que les deux autotextes (folie de Tristan et Tristan le Nain) se seraient neutralisés et leur fonction oblitérée. "Ne vol pas trop en uni dire: / Ici diverse la matyre" (vv. 2111-12), déclare le narrateur lors du désembrayage déjà signalé. La critique n'a pas pleinement révélé la valeur structurelle (poétique et psychanalytique) de cette étonnante intervention d'une cinquantaine de vers qui précède l'épisode de Tristan le Nain. Confronté à un certain horizon d'attente, Thomas veut préparer son auditoire accoutumé à la version traditionnelle du conte à accepter une innovation, d'ailleurs plus conforme à l'idéologie contemporaine. Aussi présente-t-il d'abord en un condensé de huit vers la séquence connue des amours de Kaherdin et de Gargeolain, la femme du nain Bedenis, qui se terminèrent tragiquement puisque le mari jaloux abattit Kaherdin et blessa Tristan de son épée empoisonnée. Tristan moribond et son beau-frère tué, c'est Governal, son fidèle écuyer, qui devait se rendre en Angleterre pour prévenir la reine Iseut. La présentation de cette version est suivie d'une réfutation en règle, "par raisun mustrer" (v. 2135). Thomas veut prouver l'erreur de ses collègues et la supériorité de son texte sur ce point qui apparaît le plus épineux de leurs controverses (v. 2124). La version adverse pécherait par invraisemblance: Governal de retour en Angleterre se serait fait reconnaître et arrêter immédiatement. Le vraisemblable est conçu comme restriction des possibles: "Que içо ne put pas ester" (v. 2136) et "E coment poüst il venir . . ." (v. 2143). La spéciosité de l'argument avancé saute aux yeux du lecteur, s'il a échappé aux oreilles des auditeurs: pourquoi Governal se serait-il fait automatiquement arrêter alors que Tristan, aussi connu et encore plus recherché, avait pu retourner trois fois en Angleterre?

La faiblesse de son argument autant que la loi du genre pousse Thomas à s'appuyer sur une autorité galloise, Breri, garant de l'authenticité de son roman. Cette référence si caractéristique de la poésie médiévale à l'*auctoritas*, l'autorité d'un dire antérieur, cette "protestation de véridicité" suivant l'expression de P. Zumthor,[17] s'effectue d'autant plus aisément que le passé simple *solt* indique qu'il s'agit d'un barde défunt. Comme le fait remarquer Bédier, "Thomas a donc beau jeu de lui attribuer l'inspiration de son œuvre, et rien ne prouve qu'il dit la vérité."[18] Certes, mais qu'importe puisqu'il ne s'agit que d'un pré-texte! Le principe du texte (son origine), fictif ou réel, joue comme une métaphore; à l'intérieur du texte il indique ce qui le transcende, d'où l'appellation de mise en abyme transcendantale retenue par L. Dällenbach pour désigner ce procédé.[19] A noter au passage que, dans son prologue, Gottfried de Strasbourg déclare tirer sa version de l'écrit prestigieux de Thomas en des termes assez semblables à ceux de Thomas renvoyant à Breri, précisant tout de même qu'il s'agit d'une réflexion de réflexion: "la version authentique racontée par Thomas d'Angleterre, un maître-romancier qui avait lu les vies de tous ces princes dans les livres des Bretons et qui nous les a fait connaître."[20]

Comment Bédier pourrait-il reprocher sans mauvaise foi à Thomas de légitimer son texte sur l'autorité d'un Breri dont la voix s'est définitivement tue alors que lui-même, dans son travail de recomposition philologique, adopte la même attitude? On connaît son embarras sur la question de la durée du philtre; Béroul indique que la mère d'Iseut l'avait fait bouillir à trois ans d'amitié; Bédier s'est récrié contre cet "empoisonnement triennal,"[21] car il offensait son sentiment esthétique, sa conception d'un amour absolu dans la vie et dans la mort. Mais ce motif apparaît dans trois versions. Seuls Thomas et le roman en prose, dont le témoignage est d'ailleurs douteux, parlent expressément d'une durée illimitée. Dans une telle impasse, l'éditeur ne craint pas de renoncer à sa procédure mécanique et de supposer l'existence d'un intermédiaire *y* entre l'archétype et les poèmes d'Eilhart et de Béroul. Alors qu'il suit étroitement ces deux auteurs pour prouver par la cohérence de la structure narrative l'existence d'un poème primitif, "un de ces organismes supérieurs dont toutes les parties sont liées par une synergie telle que toutes souffrent de la moindre atteinte à l'une d'entre elles,"[22] il n'hésite pas à rejeter leur témoignage sur le philtre. A remarquer qu'il tient, lui aussi, à justifier ses "raisons de goût et de sentiment"[23] sur un "argument de fait" qui à l'examen se révèle aussi peu convaincant que la mission impossible de Governal. D'ailleurs Thomas (manque de conviction?) ne veut pas débattre la question avec ses collègues, ajoutant d'un air narquois: "La raisun s'i provera bien!" (v. 2156).

Elle se dégage, en effet, progressivement de l'étude des structures syntaxique, psychanalytique et mythique du texte. Dans ce roman dont le trait constitutif et distinctif nous semble la fission (tendances schizophréniques du héros et désunion du couple, mais aussi clivage dans l'espace—les deux Bretagne, séparation dans le temps—conjonction jusqu'à l'épisode du Morois puis exil, division idéologique—le monde de l'Ordre et sa subversion par le Contre-Ordre, pour reprendre les termes suggestifs de Fr. Barteau),[24] dans cette œuvre marquée par la division, les actants et les fonctions se reflètent sur le mode du simulacre et du double.

Simulacre au sens concret de représentation figurée d'image: se font pendant en ce sens la *druerie* que Tristan vainqueur d'Urgan envoya à sa maîtresse (Petitcrû, le chien des fées, aux vertus euphorisantes) et, dans la deuxième partie, la statue d'Iseut en majesté érigée dans la grotte aménagée par Moldagog—Tristan y passe le plus clair de son temps avec l'idole qu'il embrasse comme si elle était vivante, rituel symbolisant la castration. Simulacres également dans l'acception dérivée de feinte—le rendez-vous à la fontaine sous le pin, Tristan lépreux, etc. Jeu de l'amour et de la ruse (du "leurre" selon Fr. Barteau),[25] le roman croise et entrelace l'apparence et la réalité, le mensonge et la vérité, la vie et la mort, confondant les personnages et déroutant le lecteur.

Pour le mode du double, les distinctions proposées par R. Rogers dans *A Psychoanalytic Study of the Double in Literature* entre duplication par multiplication et dédoublement par division ainsi qu'entre doublement subjectif et doublement objectif paraissent articuler nettement les données du texte.[26] La duplication par multiplication peut s'appliquer à une série de personnages. Les différents géants qui défilent dans le roman pour être finalement embrochés par Tristan (ou Arthur, son reflet idéal), s'ils ne jouent pas tous le même rôle syntaxique, représentent chacun la même figure parentale—celle du mauvais père, accapareur et castrateur (voir le tableau I). Les liens de parenté entre géants sont à noter, à remarquer aussi qu'Eilhart parlant de Moldagog considère qu'Urgan, le Morholt et le duc Morgan étaient ses frères, établissant ainsi une sorte de paradigme mythique où les ressemblances l'emportent sur les différences. La duplication peut aussi multiplier les épisodes parallèles (les amours de Kaherdin et de Brangien réfléchissent ceux des héros comme chez Molière ou Marivaux la liaison des domestiques qui semble renforcer l'union des maîtres), sinon interchangeables. C'est la question cruciale du contraste entre le couple Tristan le Nain et son amie et la paire Kaherdin-Gargeolain: l'équivalence distributionnelle entraîne-t-elle un statut d'opposition ou de variante libre? Les deux aventures reflètent (aussi bien?), chacune de son côté, celle des protagonistes.

Dans le dédoublement par division, deux personnages distincts représentent deux aspects complémentaires d'une même personne, généralement un des pôles du triangle familial. Le doublement peut être subjectif lorsqu'il divise le sujet: ainsi le nabot (altération de "nain-bot," du germanique *butt*, "crapaud"—celui que Béroul nomme Frocin)[27] contraste avec le beau nain (Tristan le Nain); le difforme, le monstre à tuer, l'âme damnée au service du père se trouve en (op)position de variante combinatoire avec l'atrophié, le petit d'homme à épanouir, la conscience en lutte contre le père. L'un disparaît au moment de l'exil, l'autre apparaît après le dernier retour en Grande Bretagne. Le doublement objectif résulte d'une ambivalence profonde du sujet envers certaines personnes. Ainsi la figure du père se divise dans la seconde partie du roman en deux personnages antithétiques:

Mark et Arthur, le mauvais père opposé au bon. Tristan n'osera jamais lever la main sur Mark, s'emparer du royaume et prendre sa femme; il ne tuera le père que symboliquement, au travers des géants qu'il abat ou mutile comme le fit jadis Arthur. L'attitude ambivalente du héros envers la femme entraîne un second doublement objectif, souligné par l'homonymie. Iseut se partage: la mère pour qui Tristan éprouve une passion incestueuse s'oppose à l'épouse avec qui il pourrait entretenir un commerce légitime. On trouve d'ailleurs trois Iseut, même si mère et fille peuvent être subsumées en une seule figure. "Isolde the Fair," écrit R. Rogers, "Tristan's life and death, his living death, corresponds in spite of her name to the dark, fatal temptress whose embrace eventually leads to death. Isolde of the White Hands, though her vengefulness is the immediate cause of Tristan's death, corresponds to the virginal maid who would normally be the object of a young man's ardor."[28]

C'est sur un tel contexte de réflexions multiples que s'appuie la *raisun* de Thomas. Le segment Tristan le Nain s'oppose paradigmatiquement, c'est-à-dire de façon exemplaire, au segment Kaherdin-Gargeolain (avec un "abyme" entre les deux), tout comme il s'oppose paradigmatiquement et syntagmatiquement au segment Kaherdin-Brangien malgré ce qu'en a écrit Fr. Barteau: "Il nous a semblé que cette idylle avait exactement la même fonction que celle de Tristan le Nain et de sa dame dans le récit: il s'agit de lexèmes-événements qui doublent plus ou moins exactement l'Aventure principale."[29] L'équipée de Kaherdin aidé de son beau frère au château du nain Bedenis pour consoler une mal mariée constitue le reflet inversé et complémentaire des voyages de Tristan accompagné de Kaherdin en Angleterre afin de rejoindre Iseut; segment itératif donc, qui reste au premier niveau de la fiction. La séquence de Tristan le Nain lui est parallèle et inverse (voir le tableau II): alors que dans le premier épisode Kaherdin représente le jeune homme s'attaquant au père pour lui ravir son épouse et le repousser vers le sénile, dans le second segment Tristan le Nain, un "Petit-crû,"[30] s'en prend à l'adulte qui l'empêche de grandir en s'emparant de la femme. Ici Tristan joue dans les deux un rôle d'auxiliaire, et le qualificatif "nain" ne renvoie pas à la taille, mais plutôt à des traits psychologiques, parallèle et inversion déjà notés par Bédier qui y voyait une "surenchère de courtoisie."[31] Nous l'interprétons plutôt comme une escalade, l'ascension à un deuxième niveau du récit, miroir exemplaire qui réfléchit la diégèse par deux types de mise en abyme lui conférant aussi son sens et la conduisant ainsi à sa fin. Les remarques du narrateur, sa présentation à la fois emphatique et sibylline, accroissent le coefficient de réflexion.

Tristan le Nain arrive de la mer comme un "petit chevalier,"[32] débouchant de l'autre monde pour sortir de sa torpeur le héros et le roman du cercle des répétitions. Une fois Tristan identifié, il lui narre son histoire tout comme Thomas raconte au narrataire l'histoire de Tristan. On constate donc deux mises en abyme: la première concerne la fiction—l'aventure du Nain, modèle réduit de celle du héros; la deuxième porte sur l'énonciation —le producteur du texte délègue un second narrateur (Tristan le Nain) pour amener le protagoniste devenu récepteur (Tristan) à se reconnaître dans son double et atteindre au statut supérieur d'*imago* que celui-ci lui propose.

L'histoire du Nain réfléchit non seulement la forme du contenu de l'aventure de Tristan (le personnage se voit ravir sa maîtresse par un géant, figure du père), mais aussi certains éléments formels d'expression—notamment pour les symptômes de mélancolie dépressive qu'il partage avec Tristan: "E Deus, pur quei ne pus murir / Quant perdu ai que plus desir? / Meuz vousisse la meie mort . . ." (vv. 2273-75), ou encore: "A poi ne muer de la tristur . . ." (v. 2220), qui annonce le "A poi que del desir ne muert . . ." (v. 3010) (il s'agit de Tristan), lequel renvoie au "A poi ne muert de sun desir" (v. 3000), où il est question d'Iseut. Significatifs à cet égard les échos des rimes *dolur/amur, dolur/ tristur, mort/confort*. Répétition au niveau diégétique, l'autotexte est également, en tant qu'énoncé au second degré, une (auto)interprétation; la réflexion constitue la clé du sens. Avec l'appellation *Tristran l'Amerus*[33] (qu'on retrouve dans la *Folie* d'Oxford, dotée aussi de valeur exemplaire) la légende fait irruption dans l'histoire, légende ou plutôt *legenda* puisqu'on nous présente une sorte de saint qui, ayant beaucoup aimé et beaucoup souffert, peut se laisser apitoyer par la douleur d'autrui

(vv. 2230-31) et répondre à une demande d'intercession. Le récit se hausse de lui-même à ce nouveau plan (sans transcodage effectué de l'extérieur) et, se dépassant lui-même, doit ensuite s'adapter à son propre dépassement.

La mise en abyme de l'énonciation, plaçant le héros à l'instance réceptrice, permet de faire fonctionner le récit du "petit chevalier" comme *exemplum*, suivant le procédé de l'induction rhétorique—passage d'un cas particulier à un autre par le biais du général; "d'un objet on infère la classe, puis de cette classe on défère un nouvel objet," souligne Barthes.[34] Le protagoniste récepteur doit percevoir la classe dans le cas particulier et se compter soi-même parmi les éléments de cette classe. L. Dällenbach distingue trois phases dans la réception: "(1) un déchiffrement de signes, (2) une prise de conscience, (3) une action subséquente."[35] Or la "performance herméneutique"[36] du héros n'est guère fameuse—pas à la hauteur de sa réputation! Tristan, en effet, ne comprend pas tout de suite le caractère personnel, urgent et fatal de cet appel, considérant l'aventure comme un épisode parmi d'autres (duplication par multiplication); le Nain, membre de l'Eglise souffrante, prie le meilleur représentant de l'Eglise triomphante d'intervenir en sa faveur, mais le militantisme de Tristan paraît quelque peu engourdi—à cet atermoiement qui évoque celui de Lancelot devant la charrette semble faire pendant le retard d'Iseut occasionné par la tempête. C'est à juste titre que dans sa réponse le "petit chevalier" refuse de reconnaître en son allocutaire *Tristran l'Amerus*:

> Car Tristran si ad amé tant
> Qu'il set ben quel mal unt amant.
> Si Tristran oïst ma dolur,
> Il m'aidast a icest' amur . . . . (2253-56)

A remarquer l'aspect achevé et définitif de l'expression verbale *ad amé*.

Après la seconde tirade du Nain, où l'appel se déguise en défi, les yeux du héros se dessillent enfin, l'analogie s'éclaire, Tristan déleurré se reconnaît en ce frère arrêté dans son évolution par une figure parentale castratrice, mais bien décidé, lui, à surmonter l'obstacle. La reconnaissance, remarque L. Dällenbach, "ne peut trouver son *climax* que dans un face à face qui est, par excellence celui du γνῶθι σεαυτόν."[37] Tristan en réduction, embrayeur syntaxique mais aussi médiateur aux plans mythique et psychanalytique, pousse le grand Tristan dans ses retranchements, lui propose sa détermination exemplaire afin que le héros s'élève enfin au niveau d'exemple, accepte l'épreuve glorifiante (voir le Tableau III) et assume le rôle d'*imago*, de guide et de sauveur des membres de la nouvelle élite de la *fin' amor*, de ce cercle de solidarité qui commence à se dessiner, dont fait partie Kaherdin. On comprend la méfiance d'Iseut aux Blanches Mains croyant que les deux amis veulent se retirer du monde, passage du siècle à la règle—cercle que le Nain propose à Tristan d'établir. Le héros, (auto)promu au rôle d'Arthur, s'aide lui-même, et non plus, comme dans le combat contre le Morholt, un vieux père, bon et impuissant, le Mark d'avant la Quête d'Iseut. Les gémeaux affrontent un monstre à sept têtes,[38] succès de l'entreprise, mais le Nain demeure sur le carreau et le protagoniste s'en sort avec une grave blessure que lui fit dans les reins le fer empoisonné de l'Orgueilleux d'Afrique. Dans le cas du double ou des jumeaux l'on sait que la mort brutale de l'un annonce aussi la fin rapide de l'autre.

L'autotexte rompt la circularité statique du roman, marquée par cette compulsion de répétition[39] (*Wiederholung Zwang* dont l'emblème est la potion/poison) qui dicte la conduite du héros jusqu'au moment où un nouveau reflet—l'épisode de Tristan le Nain—donne au protagoniste l'occasion d'un acte réflexif, c'est-à-dire "par lequel le sujet se connaît et se dit moi" (Maine de Biran). Séquence circulaire en un sens—on pourrait parler d'*ouroboros*—mais à un degré différent. La narration s'élève d'une spire; la constitution de l'image emblématique fixe le héros dans l'espace paradigmatique, d'où la nécessité pour le narrateur d'arrêter l'ordre des successions. Tristan le Nain tient le rôle d'accélérateur de tempo: ayant trouvé son sauveur il en précipite la mort; "plus la réflexion se rapproche du dénouement, plus elle a en effet de chances de lui servir de catalyseur, de le précipiter," constate L. Dällenbach.[40]

L'autotexte remplit, par rapport au texte, une fonction de symbolisation analogue à celle du texte par rapport à l'extratexte:[41] le roman se pose en exemple à tous les amants et à l'intérieur de celui-ci l'autotexte fonde l'exemple du roman. Tristan le Nain fonctionne aussi comme embrayeur renvoyant à la réalité, modèle de participation mystique à la nouvelle religion. Rappelons la déclaration de Thomas à l'épilogue:

> Pur essemple l'ai issi fait
> E pur l'estorie embelir,
> Que as amanz deive plaisir,
> E que par lieus poissent trover
> Chose u se puissent recorder. (3136-40)

Pour *se recorder* Bédier propose avec réserve le sens de "reprendre cœur," nous comprenons plutôt "se retrouver," et J.-Ch. Payen va encore plus loin dans sa traduction: "afin qu'ici ou là ils y trouvent le miroir exemplaire de ce qu'ils vivent."

NOTES

1. Sauf indication contraire, toute référence à ces fragments se fera à l'édition suivante: *Le Roman de Tristan*, éd. Joseph Bédier, Société des Anciens Textes Français, I (Paris: Didot, 1902).

2. Nous suivons entre autres l'exemple de Jean Frappier, "Structure et sens du *Tristan*: version commune, version courtoise," *Cahiers de Civilisation Médiévale*, 6 (1963), 255-80, 441-54.

3. Laurent Jenny, "La Stratégie de la forme," *Poétique*, 27 (1976), 267.

4. Lucien Dällenbach, *Le Récit spéculaire: Essai sur la mise en abyme* (Paris: Seuil, 1977).

5. Voir Alberto Vàrvaro, *Béroul's Romance of Tristan*, trad. John C. Barnes (Manchester: Manchester Univ. Press; New York: Barnes and Noble, 1972), pp. 50 ff.

6. Joseph Bédier, éd., *Le Roman de Tristan*, Société des Anciens Textes Français, II (Paris: Didot, 1905), p. 451.

7. Chrétien de Troyes, *Erec et Enide*, éd. Mario Roques, Les Classiques Français du Moyen Age, 80 (Paris: Champion, 1953).

8. Jean-Charles Payen, *Les Tristan en vers* (Paris: Garnier, 1974), p. 244, traduit le vers 3135 ainsi: "J'y ai rassemblé des contes et des poèmes."

9. Bédier, II, 133-40.

10. Sigmund Eisner, *The Tristan Legend: A Study in Sources* (Evanston, Ill.: Northwestern Univ. Press, 1969), pp. 121-25.

11. Payen, p. viii.

12. Françoise Barteau, *Les Romans de Tristan et Iseut: Introduction à une lecture plurielle* (Paris: Larousse, 1972), pp. 121-25.

13. Bédier, I, 307.

14. Ibid., pp. 292-93.

15. Maurice-Jean Lefebve, *L'Image fascinante et le surréel* (Paris: Plon, 1965), p. 72.

16. Jorge-Luís Borges, *Enquêtes*, trad. Paul et Sylvia Bénichou (Paris: Gallimard, 1957), p. 83.

17. Paul Zumthor, *Essai de poétique médiévale* (Paris: Seuil, 1972), p. 35.

18. Bédier, II, 98, cite Gaston Paris, *Romania*, 8 (1879), 426.

19. Dällenbach, pp. 131 ff. et pp. 227 ff.

20. Gottfried Weber, éd., *Gottfried von Strassbourg, Tristan* (Darmstadt: Wissenschaftliche Buchgesellschaft, 1967), p. 5, vv. 150-54. Je traduis moi-même la citation.

21. Bédier, II, 237.

22. Ibid., p. 187.

23. Ibid., p. 237.

24. Barteau, pp. 53, 131.

25. Ibid., pp. 124-25.

26. Robert Rogers, *A Psychoanalytic Study of the Double in Literature* (Detroit: Wayne State Univ. Press, 1970), p. 5.

27. Michel Cazenave, *Le Philtre et l'amour: La Légende de Tristan et Iseut* (Paris: Corti, 1969), p. 91, le voit comme "le négatif même de Tristan, son antithèse psychologique, sa parodie en même temps que son double . . . la manifestation de l'aliénation tristanienne"—comme Tristan le Nain est la manifestation de la castration.

28. Rogers, p. 127.

29. Barteau, p. 122.

30. Ce n'est pas Tristan devenu nain comme le suggère Barteau, p. 227, c'est Tristan qui n'a jamais réussi à grandir.

31. Bédier, II, 302.

32. Payen, p. 328.

33. Selon M. Meylakh, "The Structure of the Courtly Universe of the Troubadours," *Semiotica*, 14 (1975), 69, "The designation of a new name transfers the courtly heroes into a new courtly reality removed from everyday life."

34. Roland Barthes, "L'ancienne Rhétorique," *Communications*, 16 (1970), 200.

35. Dällenbach, p. 109.

36. Ibid., p. 110.

37. Ibid., p. 109.

38. Kaherdin est écarté: invraisemblance apparente, mais vérité profonde; l'épreuve ne le concerne pas, le narrateur le réserve pour la suite; auxiliaire du héros, il ne peut s'y substituer.

39. Pierre Kunstmann, "Did Thomas of England's Tristan Commit Suicide?" à paraître dans *Tristania*.

40. Dällenbach, p. 94.

41. Cf. Butor dans Dällenbach, p. 158.

TABLEAU I

Géants et monstres	Parenté	Fonction
Morholt dragon Estult l'Orgueilleux		3 grandes épreuves
géant d'Espagne Orgueilleux d'Afrique géant d'Afrique	neveu du suivant oncle du précédent lien probable avec Moldagog	3 analepses, dont 2 (renvoyant à Wace) au temps d'Arthur, qui ne servent qu'à rapprocher le héros de son idéal du moi; la blessure de Tristan lie ces épisodes aux grandes épreuves
Urgan Moldagog	oncle du suivant neveu du précédent, parent du géant d'Espagne, lien probable avec le géant d'Afrique	2 épreuves qui permettent au héros d'acquérir des adjuvants (leurres); Tristan sort de ces combats indemne

TABLEAU II

Eilhart d'Oberg			Thomas d'Angleterre	
Kaherdin (par métonymie)	agresseur (voleur de femme)	victime (amant)		Tristan le Nain (par métaphore)
		↑ offense / vengeance ↓		
Gargeolain	épouse	maîtresse		x
		↑ offense / vengeance ↓		
Nain Bedenis (petitesse signifiée par le surnom)	victime (mari et jaloux)	agresseur (voleur de femme)		Estult l'Orgueilleux (démesure signifiée par nom, surnom, et chiffre)

TABLEAU III

FONCTION	CONTRAT		COMBAT		CONSEQUENCE
	Injonction	Acceptation	Ennemi	Résultat	
Epreuve qualifiante: "libération du royaume"	Tristan	Tristan	Morholt, oncle de la femme	Victoire, mais venin → mort	Réception de l'adjuvant: prestige de l'héritier
Epreuve principale: "quête d'Iseut"	barons	Tristan	Gormon et dragon, gardiens de la femme	Victoire, mais venin puis philtre → mort	Liquidation du manque: conquête de la femme
Epreuve glorifiante: "entrée dans la légende"	Tristan le Nain	Tristan	Estult, voleur de femme	Victoire, mais venin → mort	Reconnaissance: héros salvateur, *imago* du fin' amant

Guy R. Mermier

Structure et sens de la conjointure narrative et dramatique du roman *Petit Jehan de Saintré*

Afin de permettre à nos lecteurs de reconnaître et de comprendre les différentes parties du roman auxquelles nous faisons allusion au cours de notre analyse, nous nous permettons de donner en préliminaire un résumé de l'action du roman. Nous y présentons rapidement les principaux personnages et nous esquissons les rapports importants qu'ils ont entre eux. Nous marquons surtout les grandes divisions dramatiques que nous reconnaissons dans *Jehan de Saintré*:[1] Introduction, pp. 1-6, l. 17; Acte I, p. 6, l. 18-p. 36, l. 10; Acte II, p. 36, l. 11-p. 234, l. 11; Acte III (dénouement), p. 234, l. 12-p. 309, l. 32.

Le roman *Jehan de Saintré* nous transporte dès la première page à la cour du "roy Jehan de France, fils aisné du roy Phelippe de Valois" (p. 1) et de son épouse "la royne Bonne de Bouesme" (p. 2). A cette cour et en ce temps, donc, il y avait un jeune garçon, "aisné filz au seigneur de Saintré" (p. 2) nommé Jehan. Ce jouvencel "debonnaire et gracieux" (p. 2) à en croire le narrateur fut très vite remarqué par le roi qui désira faire de lui son page. Chose remarquable, Jehan n'était qu'un enfant de treize ans! Cette précocité ne faisait qu'annoncer sa renommée future "car à son trespassement de ce monde il fut tenu des chevaliers le plus vaillant" (p. 2). A cette même cour du roi Jehan se trouvait une dame au service de la reine, "dame vesve qui des Belles Cousines estoit" (p. 3). Cette dame "pour quelque occasion que ce fust" (p. 3) avait décidé de ne pas se remarier, mais elle s'était mise en tête de présider à la carrière amoureuse et chevaleresque de quelque jeune homme de qualité. Madame, ou encore BC, ne tarda pas à remarquer la belle allure et les qualités du PJ. L'histoire qui suit cette introduction raconte les aventures de BC avec son protégé et ami PJ.

Acte I

L'exposition des personnages et du milieu étant faite, le narrateur lève le rideau et laisse l'action aux personnages. Il s'agit tout d'abord pour BC d'amener le jeune et naïf PJ à la choisir comme "dame par amours." Devant les réticences du PJ, Madame utilise les moyens les plus cruels pour conquérir le cœur rebel du PJ: elle l'accuse, le malmène, lui fait honte, le traite de "failly escuier" (p. 15) et le fait maintes fois pleurer. En fin de compte Madame triomphe et le jeune Saintré promet obéissance et discrétion à son amie qui lui promet en retour de le faire "à grant honneur pervenir" (p. 36).

Acte II

L'épisode de la conquête terminé, le narrateur nous expose en diverses scènes les différents moments et l'évolution des rapports de BC et du PJ. Au cours de cette longue partie du drame on assiste aux prouesses croissantes du PJ dans les tournois, surtout où sa dame le pousse à se rendre. On suit également l'évolution des "loialles et secretes" (p. 227) amours de BC et du PJ. Pour les deux personnages tout semblait aller de mieux en mieux: plus le PJ obtenait de gloire, plus elle était heureuse en son orgueil et en son amour. Pourtant, un jour, le PJ annonça qu'il avait pris la décision d'aller à un tournois, ceci sans la permission de son roi et, ce qui est plus grave encore, sans la permission de sa dame. BC se fâche et demande au PJ d'annuler son projet. Lorsque Saintré refuse, l'idéal échaffaudé dans l'introduction et les deux premiers actes s'écroule. Le PJ part, laissant Madame effondrée et malade de cet acte de rébellion.

Acte III (dénouement)

La désobeissance de Saintré précipite la fin du drame. L'équilibre des premiers épisodes chevaleresques-courtois est à jamais rompu: Madame quitte la cour pour un hôtel de province. Ce déplacement annonce la chute spirituelle de BC et même de toutes les vraies valeurs courtoises dont la cour du roi était le centre. Pire, Madame tombe sous le charme d'un abbé de fabliau, DA, dont l'histoire nous révèle peu à peu la vulgarité et la débauche. Les ripailles gastronomiques de DA remplacent les scènes courtoises et chevaleresques d'amour et de tournois. Le chaste amour de BC et du PJ est remplacé par le "dart d'amours" (p. 249) de DA. Le beau monde ordonné des premières scènes semble transformé, parodique, absurde: c'est BC qui donne un anneau en gage d'amour à DA; c'est le monde inversé d'*Aucassin et Nicolette*!

Toujours fidèle, malgré tout, le PJ rend visite à sa dame qui l'insulte en compagnie de DA. Provoqué en duel, insulté, renversé par le grotesque DA, Saintré décide de se venger et de venger sa caste. Il défait DA, mais par générosité se retient de le tuer, puis il se met à dévoiler la déloyauté de sa dame. En chevalier galant, courtois et généreux, Saintré ne prononce pas le nom de BC, mais il lui donne une belle leçon publique, leçon qui en ce dénouement prend les dimensions d'un bel *exemplum* moral soulignant les dangers que la déloyauté et la bassesse morale font courir à la courtoisie et à la chevalerie dont les valeurs éternelles et authentiques sont défendues et représentées par le PJ.

Sur cet *exemplum* se termine le IIIe acte du drame du roman: des réflexions amères, certes, mais surtout un acte de foi, un cri de confiance dans le bon aloi des valeurs chevaleresques courtoises présentées en introduction. Comme une bonne pièce de théâtre, le roman *PJS* nous a fait craindre pour un héros qui justement représente les bonnes valeurs traditionnelles de la cour du roy Jehan.

Passons maintenant à notre sujet, tel qu'il est annoncé dans le titre de cette étude: "Structure et sens de la conjointure narrative et dramatique du roman *Petit Jehan de Saintré*." Le but de notre travail sera précisément d'examiner le ou les sens qu'il est possible d'éliciter de la structure du roman *Jehan de Saintré*, de sa conjointure présente dans ce que nous convenons d'appeler le premier acte du récit, soit les pages 1 à 36, 1. 10.[2] En choisissant les trente-six premières pages du *PJS* nous n'avons certes pas l'intention d'aller à l'encontre des idées de continuité et d'inattendu présentées par Paul Zumthor dans son étude "Du roman à la nouvelle,"[3] mais nous croyons discerner dans le *PJS*, justement en plus des caractères que l'on attribue au discours romanesque,[4] un 'quid proprium' particulier qui, selon nous, appartient à son originalité. Ce 'quelque chose' est, croyons-nous, et c'est ce que nous allons démontrer, l'addition de formes dramatiques aux formes essentiellement narratives du roman. C'est à la lumière de ces deux formes combinées qu'il convient d'étudier l'aventure du *PJS*.

Au cours de la lecture de ce premier acte du roman, nous passerons du simple niveau narratif, didactique, lent et solennel, au jeu des styles direct et indirect, et surtout à l'alternance des paroles d'un narrateur (non nommé), d'un acteur (lui nommé) et de celles des personnages. Nous verrons que les paroles du premier traduisent l'*état*, l'équilibre des situations, tandis que celles du second traduisent le *passage*, tous deux étant à leur façon, mais pas nécessairement également, préparateurs du dénouement en principe libérateur du sens.[5]

Dans son chapitre 8 sur le modèle romanesque Paul Zumthor écrit: "Ici le récit n'est engendré ni par une formule traditionnelle, comme dans le chant narratif, ni par un 'personnage' comme dans l'épopée: mais plutôt par un mouvement de l'imagination qui, *projetant dans l'avenir quelqu'image traditionnelle*, la confronte au présent vécu, tente de l'interpréter, de lui faire rendre *un* sens, qui sera le sien."[6] Or, cette 'image traditionnelle' nous est précisément donnée au début du *PJS*, dans les pages objectives (pp. 1-6) qui sont comme une 'leçon' médiévale, entrelardée, comme il se doit, de citations latines. C'est cette image traditionnelle et statique qui est fondamentalement mise en cause au cours du roman, prise à partie, pourrait-on dire, par le dynamisme du récit. C'est bien cette image traditionnelle, cet *état* donc, qui, selon nous, fait l'objet de cette "progression vers un après,"[7] de ce *passage* qui contient—puisqu'il est—le sens du roman.

Très vite pourtant, dès l'apparition de l'Acteur (p. 6) l'aventure démarre. Le narrateur, ayant nettement localisé ses person-

nages, les ayant placés historiquement et psychologiquement sur
la scène, peut déclancher l'action. A ce point le romanesque
s'efface au profit du théâtral: la préparation scénique y est parfaite. Nous apprenons que Madame vient du Coucher de la reine
dans le palais royal:

Madame venoit en sa chambre, qui en sur jour avoit mis la royne a dormir,
et en passant sur les gallerees avec ces escuiers, dames et damoiselles qui
aprés elle venoient, trouva le petit Saintré la qui regardoit bas en la court
les joueurs de paulme jouer. (p. 6, lignes 19-24)

Le décor théâtral présenté et les personnages placés, le dialogue
peut commencer. Belle Cousine s'adresse au petit Jehan: "Saintré, que faites vous cy?" (p. 6, ligne 28) tandis que plus loin
Madame dit à ses dames: "Mais que soions a la chambre, nous
rirons" (p. 7, ligne 1); plus loin encore dame Jehanne s'écrit:
"Ma dame de quoy?" (p. 7, ligne 2). Même le discours indirect
participe à la dynamique du dialogue: " 'Helas, ma dame,' dist
dame Katherine, 'et que a il fait? Il est si bon filz' " (p. 7, lignes
4-6). De plus, pendant que BC harcèle le PJ de questions, ce
dernier reste coi et ses gestes sont des gestes de honte: "Alors le
petit Saintré, tout honteux, le viz de honte tout enflamé, soy
inclinant, avec les autres devant se mist" (p. 6, lignes 31-33).
L'irruption du dialogue dans la narration coïncide au niveau
événementiel à l'irruption de la colère, soudaine elle aussi, de BC
à l'égard du PJ. C'est le dynamisme de cette parole, son désordre même, qui vient buter contre l'ordre (état donné) du palais.
Le PJ regardait innocemment des joueurs de paume comme le
ferait—c'est concevable—un garçon de son âge, même dans un
palais médiéval. BC et ses dames, elles, rentraient d'assister au
Coucher royal, autre état donné, autre image traditionnelle. Le
passage de l'état d'équilibre (ordre) au déséquilibre passionnel
(désordre) se traduit aussi au niveau du temps des verbes: l'imparfait et le plus-que-parfait représentent l'ordre: "Madame
venoit[8] . . . (p. 6, ligne 19) qui en sur jour *avoit mis* la royne a
dormir, . . . dames et damoiselles qui aprés elle *venoient* (p. 6,
ligne 22) . . . trouva le petit Saintré la qui *regardoit*" (p. 6,
lignes 22-23). En contraste avec l'ordre de l'imparfait, le parfait
arrête la description et marque une rupture abrupte dans le

temps de la narration: "Et quant il *vist*" (p. 6, ligne 24); "Mais quant Madame le *vist*, si *fut* . . . oultre lui *dist*" (p. 6, lignes 26-27); "devant *se mist*" (p. 6, lignes 32-33); "Et quant Madame le *vist* . . . alors *chemina* tout en riant . . . et leur *dist*" (p. 6, lignes 33-34). Dans plusieurs cas *quant* et les conjonctions *et* et *mais* viennent confirmer la rupture. *Mais* est surtout un signal d'opposition entre deux situations alors que *et* relie les actions nouvelles au contexte précédent. Ainsi BC, par la conjonction des rôles du *parfait* et de *mais/quant* est donnée déjà comme un signe de désordre. Le temps des verbes contribue aussi à relever le ton du discours de BC et met en jeu un autre important système d'oppositions: alors que l'interrogation *au présent* peut être considérée comme une forme normale d'adresse d'un supérieur (BC) à un inférieur (PJ), comme dans "Saintré, que faites vous cy?" ou "Est ce la contenence . . ." (p. 6, lignes 27-28), le passage du présent d'interrogation à l'impératif "*passez* et *vous mectez* devant*" (p. 6, ligne 30), renforcé encore par les vocatifs "*or ça*" et "*maistre*" (p. 6, ligne 30), modifie l'interrogation en forçant la note du commandement: c'est l'excès constaté entre le présent interrogatif et l'impératif qui, indirectement, fait paraître toute l'agressivité de BC. Le mouvement verbal joue donc un rôle singulièrement important en ce début du roman; il exprime non seulement la brusquerie psychologique de BC vis-à-vis du PJ, mais il traduit la hâte même de BC, grande dame pressée. Pourquoi? Nous ne le saurons pas tout de suite, mais le passage de l'imparfait au parfait et à l'impératif est accéléré encore par l'appel du futur (nous rirons) et du subjonctif (que soions). Ainsi tout le mouvement du récit se joue entre l'aspect non verbal et quasi statique—en tout cas passif—du PJ et l'exubérance verbale accompagnée du mouvement des gestes de BC. Lorsqu'il s'agit de BC, tout dans la phrase traduit le mouvement; tout est cadencé et lié par les conjonctions de coordination, les pronoms relatifs et toutes les formules de transition du type "et quant" ou "tout en." Dans le cas du PJ, au contraire, le rythme haché de la phrase, la ponctuation, la répétition traduisent la confusion de ce dernier "tout honteux, le viz de honte tout enflamé" (p. 6, lignes 31-32).

Le système préparatoire d'opposition de BC au PJ ne s'arrête d'ailleurs pas là. Le PJ est décrit comme un état: il est honteux, son visage est tout rouge. BC, au contraire, est présentée par des verbes de mouvement: "Madame venoit, . . . Madame le vist . . . alors chemina tout en riant." La discordance du personnage est soulignée, rappelons-le, par les brusques et impatients appels du subjonctif et du futur: "que soions . . . nous rirons." Ces deux formes futures se projettent au devant de la narration et font figure d'augure ou de chœur théâtral en laissant deviner la transformation de Madame, bonne fée du folklore, en Madame, méchante fée. Alors que le PJ est représenté par le mot *honte*, BC est représentée par le mot *rire*. Le futur du verbe rire amplifie le rire et lui donne un rôle théâtral. Le futur n'est, en effet, pas donné au hasard; la preuve en est qu'il est renforcé tout de suite par "vous *verrez tost* la bataille du petit Saintré et de moy" (p. 7, lignes 3-4). Le mot *tost* donne de plus à la futurité de *vous verrez* un caractère d'imminence qui n'attend qu'à se transformer en crainte (pathos) pour ce quelque chose dont "nous rirons." Le suspense est admirablement amené et ménagé par l'ambiguïté même de l'expression "la bataille du petit Saintré et de moy."[9] C'est alors que le lecteur s'aperçoit avec quelle force ce mot de *bataille* agit rétroactivement sur les questions préalables puis sur les impératifs abrupts de BC au PJ. De plus la riposte de Dame Katherine "et que a il fait?" (p. 7, ligne 5) nous remémore l'innocence de l'activité du PJ au moment où BC l'a si désagréablement abordé. Ce "que a il fait" jette le doute sur la validité sociale de cette "bataille" annoncée par BC et suggère assez que BC sera l'agresseur. De sublime, la scène devient pathétique et se prépare à devenir grinçante.[10] A ce point un suspense vraiment théâtral pèse sur la requête de BC: "Vous demeurrez, maistre, . . ." (p. 7, ligne 12). La clôture de la porte, "Et alors la porte fut close" (p. 7, ligne 14), est doublement significative, tant du niveau du suspense dramatique que du point de vue psychologique. C'est l'annonce que BC a bel et bien réussi à isoler, à séquestrer le PJ au nom d'une raison officielle ("non convoier les dames," p. 6, ligne 29) mais fausse, l'annonce de la *bataille* nous ayant prévenus sur la raison vraie, intime et personnelle de l'action de BC.

A la suite de cette première scène du premier acte du roman, nous passons avec le passé antérieur "et la porte *fut close*" (p. 7, ligne 14) à la deuxième scène où nous retrouvons le PJ entouré de Madame et de ses dames dans la chambre de BC. Le PJ est bel et bien prisonnier des dames (Madame l'a fait venir "entre elles," p. 7, ligne 16) et devant elles dans un état de confusion totale. En effet tout à l'heure le PJ était simplement décrit comme "honteux," maintenant c'est la déroute de son esprit: "Mais *le povre jouvencel*, qui *ne pensoit pas* a ce ou Madame vouloit venir . . ." (p. 7, lignes 18-19). Cet état de trouble est d'ailleurs habilement appuyé par la contradiction des deux mêmes verbes voisins: "qui *ne pensoit pas*" (p. 7, ligne 18) et "*en ce faisant pensoit*" (p. 7, ligne 20). La progression dramatique suit la progression du discours: le PJ ne réagit que par des signes de soumission: "devant se mist" (p. 6, lignes 32-33) et s'il pense, il ne dit toujours rien; sa parole est toute intérieure: "Las! et que ay je fait?" (p. 7, ligne 20). Les ténèbres de l'esprit du PJ sont bien rendues par le trisyllabe "pensemens" (p. 7, ligne 21) avec son sens d'hésitation.[11] Au niveau scénique nous constatons un changement annoncé par "Et alors la porte fut close" (p. 7, ligne 14). Madame qui tout à l'heure était tout mouvement, est maintenant *assise* (p. 7, ligne 15), et cette position statique permet de centrer l'intérêt sur la question-clef: "combien a il que vous ne veistes vostre dame par amours?" (p. 7, lignes 24-25). Cette question est non seulement la clef de la stratégie (bataille) de BC, mais elle est la clef de ce premier acte du roman (jusqu'à la page 36) au cours duquel BC obtient et garde l'initiative et s'établit comme la dame par amours du PJ. Le reste du roman examinera les conséquences de cet acte préparatoire. Tout fonctionne à partir de ces données préalables, du moins jusqu'au moment où la 'fausse' dame-par-amours (BC) sera remplacée toujours par BC, mais comme vraie-dame-par-traitrise, installant par ce biais l'ironie comme conjointure du système et reconnaissant le renversement des valeurs initiales comme sens.

Dans cette deuxième scène de l'acte I le vocatif "Or ça maistre" (p. 7, ligne 22), supporté par l'impératif "dictes moy" (p. 7, ligne 23), produit une réaction chez le PJ: "Quant il oÿ parler de dame par amours, comme cellui qui onques ne l'avoit pensé, *les yeulx larmoiant, le cuer fremist* et *le viz palist*, si qu'*il ne sceust un seul mot parler*" (p. 7, lignes 25-28). On note tout d'abord que ce n'est toujours pas le PJ qui réagit, mais seulement son corps et que son esprit est toujours incapable de fonctionner. Même les verbes actifs (larmoiant, fremist, palist) ne sont là que pour décrire l'état passif du PJ, établissant par là comme inévitables les rapports maître-esclave des deux protago-nistes. Le triomphe de BC est le triomphe de la parole sur la non-parole, triomphe méphistophélique sur une victime paraly-sée par l'angoisse et la peur et suscitant donc le harcèlement érotico-sadique du maître (BC): "Et que est ce cy, maistre?" "et que veult dire ceste façon?" (p. 7, lignes 29-30). Le vocatif "Et! Saintré, *mon amy*" et l'expression narquoise "*ce n'est pas grant* demande" (p. 7, lignes 31-32 et 33-34) ont toute la dou-ceur érotique du sadisme. Ici le mot *amy* est une dérision de sa signification dans le contexte courtois et c'est une autre forme de l'ironie du texte.

Lorsque Saintré prononcera ses premiers mots ces derniers seront logiquement négatifs: "Madame je n'en ay point" (p. 8, ligne 2). Ainsi la parole du PJ est une anti-parole par rapport aux affirmations, aux questions et aux commandements de BC. Cette dernière n'est pas décontenancée par la négation, elle s'en sert au contraire pour presser plus avant sa victime: "N'en avez vous point?" (p. 8, lignes 2-3). Et cette question a pour consé-quence de jeter le PJ dans un trouble encore plus profond; il se met à "entorteiller le pendent de sa ceinture entour ces doiz" (p. 8, lignes 11-12). Ce geste est en réalité un geste préparatoire à l'ironie du dénouement où le PJ, triomphant de BC, lui lan-cera sa ceinture au visage révélant ainsi toute l'ignominie de Madame (p. 307). La tension dramatique du *PJS* se mesure en large partie par la conjugaison et l'intensité de ces deux mo-ments.

Le PJ pris dans la nasse de BC échappera-t-il à la non- parole? Pas encore. En fait, lorsqu'il parle c'est pour dire ce que per-sonne n'attend, soit que c'est sa mère et sa sœur Jacqueline qu'il aime le plus (p. 8, ligne 34). Cette réponse fait éclater l'absurde sur la scène qui devient au milieu des "ris" une scène de farce rabelaisienne:[12] "Alors dame Jehanne, dame Katherine, Ysabel et les autres, qui de ce toutes *rioient*, en *eurent pitié*" (p. 8, lignes 17-19). Le rapprochement de ces deux termes antagonistes (rire/pitié) renforce le sens de l'absurde. Dans ce climat les déclarations d'amitié de BC et ses allusions à l'amour sont perçues comme très ambigües et rétroactivement la scène entière se transforme en grotesque comédie à la Tartuffe. La bataille de BC n'est d'ailleurs pas seulement une bataille de paroles, un instrument de stratégie utilisé par le maître pour dominer l'esclave; la bataille est aussi l'annonce du projet romanesque de BC qui est le thème central du roman. En comparant le PJ aux grands personnages de la Table Ronde (Lancelot, Gauvain), BC admet qu'elle veut faire du PJ un personnage de roman, un personnage de son propre roman de schizophrène, de Narcisse, créatrice de chevalier. Or le ton absurde et grotesque établi, nous l'avons vu, dans ces premières pages du roman projette dans le futur de ce dernier une ombre grotesque et pathétique, une ombre don quichottesque. BC est incapable de percevoir le hiatus entre son rêve et la réalité et c'est en grande partie à cette schizophrénie qu'elle devra sa chute. Mais l'ironie guette toujours et c'est malgré elle et, en tout cas contre elle, qu'elle réussira *in extremis* à éveiller le PJ à la réalité. Le jeu ambigu de l'être et du paraître, du vrai et du faux, du sublime et du grotesque est bien établi dans cette première partie du roman et supporte bien l'ironie finale. Le narrateur intervient parfois même pour faire ressortir l'ambiguité: "Lesquelles paroles par Madame dictes en soubriant, les dames cognurent bien que *combien fussent vrayes* que n'estoient que pour *farser*" (p. 9, lignes 29-31). Le verbe *farser* est sans doute un mot-clef du discours, comme la scène répétée des rires et de la pitié des dames et des pleurs du PJ. Le discours du roman se transforme en discours de sotie; on y parle du "pouvre Saintré" qui "entend de Madame son *tres crueulz congié*" et qui "lors se print *a tres griefment plorer*" (p. 9, lignes 32-34). A la fin de la scène 2 de cet acte I (p. 10, ligne 30)[13] le petit Jehan est bien l'esclave maté par BC qui s'en rit: "Madame et ses autres dames, qui sur jour dormir devoient, ne cesserent de rire et raisonner du grant effroy que Saintré avoit eu en son loigeis, et tant en rirent que vespres sonnerent et sans dormir les convint lever" (p. 10, lignes 26-30).

La scène du congé est dans un sens parallèle à celle où BC compare le PJ à plusieurs personnages arthuriens. En effet les génuflexions, les "oÿ ma dame, puis qu'il vous plait" (p. 10, lignes 12-13), les promesses du PJ à BC (p. 10, ligne 14) feraient aisément penser à une scène courtoise. La terminologie est parfaitement adaptée: le petit Jehan est humble, à genoux et obéissant devant sa dame; les dames de la cour sont "pleiges" pour lui. Pourtant tout le système courtois est détruit lorsqu'on trouve que le PJ est un "pouvre desprisonné" (p. 10, ligne 20) qui loin de chercher sa dame, la fuit "comme se il fust de cinquante loups chassiez" (p. 10, lignes 25-26). A ce point la farce est trop énorme pour que l'ambiance courtoise puisse persister.

Dans la scène suivante (I, iii)[14] l'atmosphère de farce est soutenue par l'écho du rire de BC et de ses dames, rire qui en s'amplifiant prend des dimensions dignes du théâtre de Ionesco, un rire qui ne fait que croître: chaque fois que le PJ fuyait les dames ces dernières "se rioient *par grant delit*" (p. 11, ligne 4). A table dès que le PJ hasarde quelques mots "Alors commença le ris moult longuement de l'une a l'autre" (p. 11, lignes 13-14). Madame, enfin, dit à ses dames "que Madame soit couchie, encor en rirons nous plus" (p. 11, lignes 24-25). Ainsi non seulement le verbe *rire* inonde littéralement la scène, mais le futur (en rirons) vient, comme plus haut, relancer le rire comme dans une éternité méphistophélique. Et ce rire est renforcé encore par les adverbes: "ris moult longuement," "elles rioient tant," "encor en rirons nous plus." L'*aise* (p. 13, ligne 10) de BC devant le PJ déconfit n'est pas moins diabolique que le rire:

Madame, qui de tout ce estoit tres aise, et tant plus quant le veoit si humble et innocent, l'amoit trop mieulz, pensant que se elle pouoit par bonne façon en son service l'acquerir, que elle le mectroit bien a son ploy, et neantmoins voult elle a dame Jehanne et aux autres sa demande entretenir.
(p. 13, lignes 10-15)

On voit une fois de plus que, selon le système ironique du roman, les mots prennent leur sens par rapport à leurs contraires auxquels ils sont rapprochés. Les mots "innocent" (p. 13, ligne 11) et "ploy" (p. 13, ligne 14) typifient ce système de signification. En effet le mot *ploy* enlève toute son innocence au mot *innocent* tout en soulignant qu'il est impossible que la dureté de BC vis-à-vis du PJ ait pu être désintéressée.[15]

Les épisodes suivants (p. 13, ligne 16-p. 15, ligne 25) sont parallèles à ceux qui amenèrent le PJ à déclarer qu'il aimait sa mère et sa sœur (p. 8, lignes 34-35). En fait la répétition avec les scènes parallèles que nous trouvons sans cesse dans ce roman contribuent autant à l'unité théâtrale de lieu qu'à l'histoire de la torture du PJ par BC. Mais dès la page 15 les choses changent; le PJ n'est plus tout à fait le simple *état* qu'il était tout à l'heure; en réalité sa courbe ascentionnelle qui sera fatale à BC commence à s'esquisser ici. On est frappé, en effet, par le choix judicieux qu'il fait du nom de sa dame: "Ma dame, c'est Matheline de Courcy" (p. 15, lignes 24-25). Saintré n'hésite pas; il ne 'tournoie' plus sa ceinture. Le choix de Matheline est excellent car elle est noble et belle, mais elle "n'est encores que un enfent" (p. 16, ligne 6). On devine le sourire du PJ qui vient de forcer BC à changer de tactique; il la force même à redevenir courtoise à son égard. A toutes les phrases hachées, aux impératifs impatients succèdent des phrases plus harmonieuses et plus longues: "Sire, devez vous choisir dame qui soit de hault et noble sang, saige, et qui ait de quoy vous aidier et mectre sus a voz besoings" (p. 16, lignes 6-9). La phrase est ample, parsemée d'adjectifs, d'adverbes, et à la ponctuation abrupte succèdent les conjonctions de coordination.

Bientôt (p. 16) nous revenons à l'ordre du début, ordre héraldiquement annoncé par le Maistre. Sa ballade prépare d'ailleurs les leçons de BC à son élève (pp. 17-34). Nous remarquons que si l'accélération de la violence a pris à peu près 16 pages, les leçons de BC dans cette deuxième partie prennent un nombre égal de pages. Le retour, du moins apparent, de BC à la raison coïncide avec le retour à l'image traditionnelle du début, soit au contexte chevaleresque que la parole de BC traduit alors: "La Dame. —Alors Madame lui dist: 'Or ça, Saintré, se je estoie celle que vous ay dit, et vous voussisse pour moy loialment servir vous faire des biens et a grant honneur pervenir, me voldriez vous obeir?' " (p. 36, lignes 6-10). Le retour à la courtoisie se fait par le remplacement des impératifs et des vocatifs, par la forme interrogative de politesse au conditionnel et par l'emploi même de l'imparfait du subjonctif. Au niveau sémantique nous retrouvons les termes courtois également: "loialment servir," "vous faire des biens" et "a grant honneur."

Quel peut être le sens de ce premier 'acte' du roman? C'est ce que nous essaierons d'établir maintenant.

Les trente-six premières pages du *PJS* contiennent toute la dynamique narrative et dramatique du roman entier. Deux autres 'actes' suivent:[16] l'acte II (pp. 36-234) est l'acte central du développement du rêve romanesque de BC. Le rêve dure deux cents pages, mais s'effondre au moment même où BC croyait le voir se réaliser. Le troisième et dernier acte—la structure théâtrale est toute classique—(pp. 234-309) est le dénouement au cours duquel le rêve romanesque de BC brûle au flambeau des valeurs nouvelles, de la réalité du XVe siècle triomphante des réalités courtoises du XIIe siècle. Personne ne sort indemne dans ce roman de l'affrontement des valeurs traditionnelles et des nouvelles. Certes, Saintré sort intact de sa confrontation et d'aucuns diront que c'était la volonté du narrateur de faire triompher la chevalerie. Peut-être? Mais les leçons de l'expérience n'ont-elles pas plus fait pour le PJ que toutes les "belles doctrines" de sa maîtresse ou que les leçons données au début du roman? La lutte du PJ avec damp Abbé a également réveillé le jeune chevalier aux réalités multiples et souvent dures du monde dans lequel il est né et dans lequel il doit vivre. Et toute l'ironie du roman tient à ce que c'est BC qui a donné naissance par son propre martyre au vrai chevalier du XVe siècle.

L'examen des qualités narratives et dramatiques du premier acte (pp. 1-36) nous a permis de suivre les transformations à tous les niveaux (linguistiques, thématiques, scéniques) d'une image traditionnelle (état primitif) en un élan vers un après,[17] vers ce moment de modification (passage) qu'est pour le lecteur la fin du roman. Pour le critique qui, comme le lecteur, s'intéresse à la pluralité des transformations, mais qui cherche aussi les universaux qui sont le fonds de la littérature, le *PJS* illustre précisément bien un de ces universaux sémantiques avancés par

Todorov,[18] soit *le désir*, car c'est le désir avec l'ironie ambiante qui confèrent au texte du roman tout son potentiel de signification.[19]

NOTES

1. Pour le texte et nos références nous utilisons l'édition la plus récente: Antoine de la Sale, *Jehan de Saintré*, éds. Jean Misrahi et Charles A. Knudson (Genève: Droz, 1965). Cette édition, parmi ses lacunes, ne présente pas de résumé de l'action du roman. Par commodité nous abrégerons les noms des personnages principaux et le nom du roman de la façon suivante: le roman *Jehan de Saintré, PJS*; le petit Jehan de Saintré, le PJ; Madame des Belles Cousines, BC; et damp Abbé, DA.

2. Par récit nous entendons le roman *PJS*. Il va de soi que nous acceptons les définitions de Paul Zumthor, *Essai de poétique médiévale* (Paris: Seuil, 1972), pp. 339 ff.

3. Zumthor, p. 339 et p. 352.

4. Ibid., p. 352.

5. Voir Tzvetan Todorov, *Poétique de la prose* (Paris: Seuil, 1971), p. 13.

6. Zumthor, p. 352. C'est nous qui soulignons.

7. Ibid., p. 352.

8. Sauf indication contraire, c'est nous qui soulignons ici et ci-dessous.

9. On serait tenté de qualifier l'expression de "stendhalienne."

10. "Grinçant" au sens où certaines pièces d'Anouilh sont grinçantes selon l'auteur.

11. Voir le glossaire de l'édition du *PJS*, p. 333.

12. L'absurde vient du fait que le PJ ayant déclaré qu'il aimait sa mère et sa sœur se rétracte peu après: "je n'en ayme nulle" (p. 9, l. 8).

13. C'est toujours selon la division "théâtrale" que nous avons présentée dans notre résumé préliminaire.

14. Voir la note 13 ci-dessus.

15. Amour du genre "qui aime bien, châtie bien."

16. Voir notre note 13 ci-dessus.

17. Zumthor, p. 352.

18. Todorov, p. 117, écrit: "Il est raisonnable de supposer que la variété thématique de la littérature n'est qu'apparente; qu'à la base de toute littérature se retrouvent les mêmes, disons, universaux sémantiques, très peu nombreux, mais dont les combinaisons et transformations fournissent toute la variété des textes existants. S'il en est ainsi, on peut être certain que le désir serait un de ces universaux."

19. Sur le roman *PJS* voir aussi: Guy Mermier, "*Le Petit Jehan de Saintré*: A Study in Motivations," *Michigan Academician*, 9, No. 4 (1977), 469-82.

William Calin

Jean Lemaire de Belges: Courtly Narrative at the Close of the Middle Ages

One of the more outlandish manifestations of over-specialization in our profession—a pure example of Bergsonian *raideur*—is the *iémiste*. Given the state of literary studies in our universities, whether in the Anglo-Saxon world or in Francophonie, scholars write largely for other scholars specializing in the same area. No matter how fine the monograph, how important the discovery or revaluation an individual makes, it most probably will be limited to the purview of his fellow *iémistes*. Conversely, although specialists in various centuries are aware of the latest research in their field, often their knowledge of other periods is based upon *idées reçues* long out of date. It is a sad, undeniable fact that for many professors of modern French the term "baroque" remains only a word, the seventeenth century still to be characterized by "Corneille, Racine, Molière." And, as we *médiévistes* are reminded to our sorrow, how many teachers of French or general readers know a French epic other than the *Chanson de Roland* and have any idea of what is contained in the *Roman de la Rose*?

One piece of advice we should perhaps offer young writers is the following: at all costs, avoid exercising your *furor poeticus* in between two centuries; otherwise the *iémistes* on both sides of the line will turn elsewhere for research topics, and you will suffer the only unforgivable affront in the world of letters— neglect. Your *fortune littéraire* will resemble those of Chateaubriand and Delille; Saint-Simon, Regnard, and Fénelon; Sponde, La Ceppède, and Chassignet; and, of course, Jean Lemaire de Belges. Quite seriously, I can conceive of no hypothesis other than the preceding to explain why so major a figure as Jean Lemaire has not received the critical attention he deserves, why significant portions of his opus can only be perused in inadequate, out-of-date and out-of-print editions, why the most fundamental aspects of his literary biography and place in the history of letters were determined only in 1972 with the publication of Pierre Jodogne's monumental *Jean Lemaire de Belges, écrivain franco-bourguignon.*[1] Jodogne's pioneering study indeed resolves the major questions of literary history.[2] The purpose of this essay is infinitely more modest: to explore how various approaches of modern criticism can perhaps be applied fruitfully to two works by Lemaire, *Les Epîtres de l'Amant vert* and *La Concorde des deux langages.*[3] I should add that students are not necessarily disappointed when assigned these texts for seminar discussion. As a result of the "neglect problem" alluded to above, the first printing of the "Textes Littéraires Français" edition has yet to be exhausted, Swiss integrity maintains roughly the original prices, and so a scholarly edition of a medieval text can be purchased in a western American college bookstore for approximately two dollars.

In May 1505, Margaret of Austria, Duchess of Savoy, left home to visit her German lands. During her absence her pet parrot, Amant vert, was devoured by a dog. Jean Lemaire de Belges composed two epistles in the voice of Amant vert. In the first, the parrot announces to Margaret that he shall commit suicide because of unrequited *fin' amor*, the weight of separation being more than he can bear. The second recounts his trip, *post mortem*, to an animalized Elysian Fields.

Jean ends his works thusly: "Icy prent fin le mien joyeux escripre / Dont on verra plusieurs gens assez rire" (*Epîtres*, II, ll. 575-76). The first epistle can indeed be considered an example of mock-courtly, the second mock-heroic, both poems conceived as pastiches on an earlier literary tradition. As in the *Roman de Renard*, a quality of absurdity, of paradox derives from the fact that it is not a human being but a member of the animal kingdom, in this case a domestic parrot, who perishes from *fin' amor* and then is conducted on a tour of Hades. Since Amant vert is human and bestial at the same time, his every speech and action are contradictory, incongruent; that is, behavior natural to an exotic bird is absurd in a human, and vice-versa. Therefore, from whichever perspective we envisage him, he will always, in Bergsonian terminology, manifest *du mécanique plaqué sur du vivant*. Some examples: it is normal for Margaret's parrot to share her bedchamber and her meals, to be her most intimate companion, and even, as it turns out, to chirp away from his cage while she makes love to one of her husbands. But a courtly lover?

> Que diray je d'aultres grandz privaultéz,
> Par quoy j'ay veu tes parfaictes beautéz,
> Et ton gent corpz, plus poly que fine ambre,
> Trop plus que nul autre varlet de chambre,
> Nu, demy nu, sans atour et sans guimple,
> Demy vestu en belle cotte simple,
> Tresser ton chief, tant cler et tant doré,
> Par tout le monde aymé et honnouré?
> Quel autre amant, quel autre serviteur
> Surpassa oncq ce hault bien et cest heur?
> Quel autre aussi eut oncq en fantasie
> Plus grand raison d'entrer en jalousie,
> Quand maintes fois, pour mon cueur affoller,
> Tes deux mariz je t'ay veu accoller?
> Car tu scéz bien que ung amant gracïeux
> De sa dame est jaloux et soucïeux.
> Et nonobstant aucun mot n'en sonnoie,
> Mais à par moy grand joye demenoie
> En devisant et faisant noise et bruit,
> Pour n'empescher de ton plaisir le fruit.
> Bien me plaisoit te veoir tant estre aymée.
> (*Epîtres*, I, ll. 109-29)

Not only does Amant vert's attitude lack the suppleness, the naturalness we expect in human society; but, just as the human and the animal are fused in Amant vert, the purity of *fin' amor* and the obscenity of the voyeur are also juxtaposed. Each in turn is shown to be rigid, mechanical, obsessive; therefore we laugh.

Similarly, it is becoming for a great knight, a hero of romance or allegory, to choose the color green as his emblem, to be "The Green Count" or "The Green Knight," and to analyze the erotic symbolism inherent in his icon: passion, virginity, hope, new love, etc. But we are aware that our protagonist's name derives uniquely from the fact that he is a parrot born with green plumage, that he may have cost Duchess Margaret a pretty penny but cannot, *animaliter*, claim inherently to be *tresnoble* (I, 378), more noble than Margaret's other pets, including the *infame chien* (II, 177) who slew him. The incongruous juxtaposition of the human and animal is carried one step further when, bemoaning Margaret's departure *sans moy* (I, 37) (the "obstacle" necessary for the growth of *fin' amor*) and her cruelty (she becomes a *belle dame sans merci*), Amant vert proclaims that he no longer has the power to please his mistress. Because she remains inconsolable over the death of her husbands, and therefore prefers black to green, he wishes to be transformed into a crow:

> Tu es cruelle, ou au moins trop severe,
> Veu que ton œil, qui en dueil persevere,
> N'ayme couleur, sy non noire et obscure,
> Et n'a de vert ne de gayeté cure.
> Or pleust aux dieux que mon corpz assez beau
> Fust transformé, pour ceste heure, en corbeau.
> *(Epîtres*, I, ll. 61-66)

Once again Jean Lemaire mocks a literary attitude, in this case color symbolism, along with the creatures who proclaim it and rely upon it.[4] And it is obvious that, from whichever perspective we envisage Amant vert, suicide is far too rash, too excessive, too rigid a solution to his problems. There is something of Bergson's snowball effect in this: a lady's departure represents too insignificant an event to bring about her lover's suicide. And the mere death of a household pet serves as far too small a pretext for such staggering consequences, culminating in formal epistles composed *in sermone gravis* by the official court poet. Courtly doctrine, to the extent that it becomes an artificial, mechanical, literary system impinging on reality and common sense, provides a subject for laughter.

All is not "léger" in these epistles, however, and I suspect Frappier was in error to characterize them as "divertissement de l'auteur," "œuvre légère et jolie," "fantaisie souriante," and "jeu de poète."[5] After all, the basic material Jean Lemaire treats is one of alienation and death.[6] Not that I choose to insult a modern public by indulging in the Biographical Fallacy and claiming, more or less insidiously, that Amant vert is a spokesman for the author, that Jean uses him to express his own longings in a form of late medieval *poésie personnelle*. I don't believe in *poésie personnelle*—whether in the fifteenth or the nineteenth centuries; I do believe that the question of a writer's sincerity perhaps is the most trivial, the most useless that a critic can ask. However, it is a fact that these poems are composed in the first person, narrated in the parrot's voice and focused through the prism of his consciousness, and that Jean has made of him the Duchess' *humble secretair* (I, 40) and, as we shall see, in addition a poet. At any rate, due to courtly passion and because he is a household pet, Amant vert, for all his alleged nobility, is also a slave (I, 378). The master-slave relationship is manifest especially in Margaret's seeming indifference to her suitor's fate, whereas he dotes on her every word and glance, is dazzled by her physical presence and crushed irremediably by her absence— in other words, she remains, in this world and beyond the grave, the sole mediator possible between Amant vert and fulfillment. Since the obstacle between them is absolute, an unbridgeable chasm—for they belong to different species—is Amant vert's self-inflicted end a symbolic punishment for breaking a tabu, for daring to love the Duchess? Is this the Oedipal tabu, inherent in *fin' amor*,[7] for which Amant vert is punished by a devouring monster? At any rate, in his relationship to Margaret, he is literally not a human being at all, but her pet, her plaything; the only possibility for his loving her, becoming a noticeable entity, even entering into a work of art, is through the comic mode.

To what extent this alienation, this reification, can be considered an artistic or symbolic representation of the plight of the court poet vis-à-vis his patrons at the end of the Middle Ages is an open question, one worthy of further scrutiny. Over a century earlier, Guillaume de Machaut, Froissart, and Chaucer introduced themselves in their works in the guise of a comic *persona*, a bumbling, inept narrator-lover. A half-century later Du Bellay and Ronsard were to spend their entire careers oscillating between the most slavish flattery of potential or actual patrons and outraged excoriation of the "venal muse" indulged in by decadent court poets—that is, someone else. The dignity of the artist had been proclaimed by the first troubadours; their dignity as men, as human beings, was quite another matter, and may well have become an obsession for certain writers in the Middle French period. It is significant that in his own voice Amant vert alludes to his role as scapegoat: that Margaret, twice a widow, having twice lost beloved husbands, will now cease her mourning: that his death, the third, will end the sequence. Indeed, he is happy to perish with this goal in view:

> . . . mon gent corpz (du tien enamouré) . . .
> Lequel neantmoins, sans autre desespoir,
> Veult de son gré telle mort recepvoir,
> Pour le pas clore à tous tes infortunes
> De tant de mortz cruelles, importunes.
> (*Epîtres*, I, ll. 347, 349-52)

And, as we have seen, his suicide does lead to a *joyeux escripre* (II, 575) and to *solas* and *joye* (II, 9), for the lover himself and for his society.

According to the fiction of the second epistle, having submitted to death out of love, Amant vert obtains immortality in joy. He undergoes a death-rebirth experience, a crucial rite of passage, and is integrated into the Other World, literally the Elysian Fields, as a totally perfected being. Meanwhile the court presumably benefits from the social rite of his *Liebestod*, and from the esthetic game of its incorporation into a work of art, an *epistola familiaris* which adheres to the rules of fine writing —of elegance, style, and wit, which is itself a gift to the court and a reflection of its most sacred values.

The court exists, parades, serves its members as a community, through speech and art. The ultimate image of the court in all its splendor is the celestial bird-concert witnessed by Amant vert in the Other World. And basic to the fiction of Jean's two epistles is the fact that the protagonist is a speaking bird, one of the very few subjects of the animal kingdom man can presume capable of verbal communication with himself. The parrot, a linguist in command of four languages, communicates with Margaret *viva voce* when she is present and in writing after she sets out on her voyage. Indeed, he is transformed into a master of poetry, a composer of *chantz, dictiers* and *chansons* (II, 10, 89, 103). Not only on account of a broken heart but because of his failure as a poet (alleged inability to cure Margaret's despondency over her dead husbands), Amant vert slays himself but not before indulging in the artist's ultimate prorogative, *l'élection de son sépulcre*, with full pastoral and classical embellishment. Upon dying, this avian Petrarch composes, dare I say it? his swan song: and, instructed by Mercury, god of eloquence, repeats the feat beyond the grave. For we must not forget that these epistles are attributed to Amant vert, they are his work and his glory. Thus the animal who failed to move his Duchess erotically in life succeeds esthetically from beyond the grave. Because of the epistles he (the parrot) is ensured "Louenge et bruit en memoire eternelle" (I, 256), and Queen Anne of France, a far more august personage than Margaret, learns his epitaph (I, 377-80) by heart (II, 565-66). Is this all that an alienated court poet or a court pet can hope for in our mortal span? Such as it is, Amant vert appears satisfied and no doubt would flap with joy on his celestial orange tree to discover that centuries later, across the far seas in a distant Germanic land, he were the subject of learned prose and decorous rhetoric.

Language becomes the central concern of a later work by Jean Lemaire de Belges, *La Concorde des deux langages*, composed probably in 1511. The subject is a debate between upholders of the French and Italian languages and cultures. Political issues are involved (Jean takes the side of King Louis

XII in his Italian ventures) but above all intellectual ones, for Jean commits his voice to a humanistic quarrel that dates back to the end of the fourteenth century and was influential in launching the notion of French literary history.[8] Without entering into a close analysis of the arguments on both sides or of Lemaire's personal esthetics, I note that he acts as a French patriot, proclaiming a *translatio studii* and a *translatio amoris* (the Temple of Venus, formerly located in Corinth and Sicily now is to be found on the banks of the Rhone), exalting Jean de Meun as France's greatest poet of the earlier Middle Ages and an appropriate Gallic equivalent to Dante. (As medievalists, we ought in passing to salute Jean Lemaire's learning, good taste, and common sense, his quite proper exaltation of French medieval culture—in contrast to the relative ignorance of a Rabelais and a Ronsard, not to speak of benighted twentieth-century *seiziémistes*, who condescendingly take points away from our poet because he fails to bow down onto the Italian Renaissance idols fashionable in Burckhardt's day.)

Within the structure of the *Concorde*, apart from the specific intellectual issues, the theme of art and the artist plays a fundamental role. The two young men themselves participate in a verbal debate on the nature of verbal speech: they communicate with each other, with the Narrator, and all three with the reader through and concerning the medium of language. Furthermore, the Narrator visits the Temple of Venus and sets out on a quest for the Temple of Minerva. The former is an exquisite piece of architecture, in which music and poetry of the first order are performed; and Genius, a character in the *Roman de la Rose*, enrolls poets under his banner, to be instructed by him:

> Car mon labeur, mon train cotidiien
> Est vous instruire, ainsi que le voyez,
> Principalment en l'art venerïen.
>
> Avecques vous, quelque part que soyez,
> Tousjours je suis, et ay prerogative
> De vous instruire à ce que me croyez.
>
> Vostre penser, vostre ymaginative
> Sont soubz ma loy, car j'en sçay les secretz,
> Et aussi est la force genitive.

A Genïus voz frontz sont consacréz,
Voz beaux semblans, toutes voz bonnes chieres,
Voz ditz plaisans, voz motz doulx et sucréz.

Voz jeux gentilz et voz plaisans manieres,
Voz riz, voz chantz, voz faictz ingenïeux
Soubz Genïus observent leurs banieres.
                                    (*Concorde*, p. 30, ll. 550-64)

The second temple, perched on a *locus* called "estude et labeur et soucy" (p. 42, l. 105) and worthy of the greatest praise, is depicted in a verse inscription ascribed to France's greatest poet and Jean Lemaire's spiritual ancestor: Jean de Meun, author of that very *Roman de la Rose*. Although art, music, and literature are exalted throughout the *Concorde*, Jean Lemaire nonetheless prefers Minerva to Venus, the contemplative to the amorous life. In the end he becomes the disciple of Labeur historiien, that is, he will devote himself to writing *Les Illustrations de Gaule et Singularités de Troie*. He will create a new, greater work of art.

Only after a long, arduous quest does the Narrator arrive at the mountain and meet Labeur historiien. Indeed, the major portion of the *Concorde* is devoted to the Narrator's pilgrimage (inside the frame of a dream-vision), not at all to the *querelle des langues*. In the course of the story, he seeks two anima-figures, mother-goddesses of classical tradition (Venus and Minerva), who embody ideals, numinous forces that he wishes to integrate into his own personality; and he encounters two father-figures (Genius and Labeur historiien), one an ordained priest, the other a hermit, both teachers who initiate him into the mysteries over which they hold sway. Initiation takes place in or near two sacred temples, points of epiphany (in Frye's terminology), *loci amoeni* containing singing birds, fountains, and eternal spring—space at the center. However, as we have seen, Minerva, placed on a higher plane than Venus, literally situated on a higher mountain, is given the Narrator's preference. The landscape becomes more masculine (in the Bachelardian sense), *ung luisant jour* and *grand clarté* (p. 42, ll. 93, 94) replace Venus' bucolic, filtered light, and the harshness of the décor contrasts with the strictly pastoral world the Narrator has left behind him:

Or est tout ce rochier divers, glissant et lubre,
Tresdur, agu, poinctu, offendant piedz et palmes,
Et n'y croist alentour ny olives ne palmes,
Mais seullement estocz et arbres espineulx,
Poignans, fiers au toucher, tortuz et plains de neux.
(*Concorde*, p. 39, ll. 4-8)

In this symbolic *itinerarium mentis ad sapientiam*, the Narrator passes through two crucial ages of man: morning and high noon. The first age, dreamlike, sensuous, woman-oriented, and the experiences it entails, prove disillusioning; the second, spiritual, work-oriented, preceded by cleansing and purification in a fountain, will bring the protagonist the individuation he instinctively seeks. Although he has not yet been presented to Minerva, we can assume a more decorous, successful relationship than he had with Venus: already in the political sphere Labeur speaks of a union between the *fleurs-de-lis* of France and of Florence. And this elderly *esperit familier* (p. 44, l. 251) accepts the Narrator as his clerk, a firmer bond than he ever had with Venus' chaplain, and shows him mirror images of all he seeks. The Narrator now commits himself to a career of study and artistic creativity, in part because he has found his vocation and also a program: harmony. The concord of kingdoms of languages, of cultures, of artistic genres and modes contributes to his own well-being and provides him with the theme of this work and of his projected historical masterpiece: *Les Illustrations de Gaule et Singularités de Troie. Les Illustrations* not only preaches political understanding within Christian Europe; based upon Latin models composed by Italians, such as Annius of Viterbo's *Antiquitates* and Raphael of Volterra's *Comentarii Urbani*, it is to be written in Jean's own native French speech and thus, as was the *Concorde*, will be his personal contribution to conciliating the great rival cultures. The harmony he strives for reflects the *musica mundana* of the cosmos, the macrocosm, and also the *musica humana* of the microcosm, that is, himself. Thus, anticipating the Ronsard of the *Hymnes*, Jean Lemaire de Belges writes in an optimistic vein. According to the notion of *dignitas hominis*, some men are eager to know, superior because they are erect and can watch the stars, in Ovid's phrase "erectos ad sidera vultus." And they discover that in all domains—cosmological, heroic, erotic—order triumphs over chaos, hierarchy and authority over rebellion, high over low, light over darkness, and life over death. Such a message is as typical of the alleged "Waning of the Middle Ages" as is any *Totentanz*.[9]

In conclusion, I have no conclusion. I have no intention of following three generations of Lemaire scholars in determining which of his traits should be categorized "typically medieval" and which ones "foreshadow the Renaissance."[10] As it happens, like C.S. Lewis I don't believe in the Renaissance; and, like him, I would say that if the Renaissance did happen, the event had no importance.[11] Nor shall I insult you with a defense of my option to use the insights of modern criticism in order to analyze medieval works, the latter treated as literary masterpieces like any others. Some such remarks were necessary ten or fifteen years ago; today the battle is won, except for a few fringe areas in our *imperium philologicum*, also of no importance.

Furthermore, what I have said about these two works is not necessarily applicable to Jean Lemaire's other poems, not to speak of other late medieval writers. As we all know, a work of art is an ontological whole, unique in and unto itself, distinct from all others. Nonetheless, I should like to close by pointing out that Jean Lemaire de Belges comes at the end of a tradition, that prior to his generation Frenchmen had been writing, and their *thématique* evolving, for a good four centuries. It is to be expected that such a man, like Charles d'Orleans, will treat artistic matters in a riper, more refined, more problematic manner than, say, early *trouvères* such as Gace Brulé and the Châtelain de Coucy. Jean Lemaire de Belges responds admirably to the call: our expectations are not frustrated.

NOTES

1. Pierre Jodogne, *Jean Lemaire de Belges, écrivain franco-bourguignon* (Brussels: Palais des Académies, 1972).

2. Among important earlier books are the following: Philipp August Becker, *Jean Lemaire, der erste humanistische Dichter Frankreichs* (Strasburg: Trübner, 1893); Henri Chamard, *Les Origines de la poésie française de la Renaissance* (Paris: Boccard, 1920); Georges Doutrepont, *Jean Lemaire de Belges et la Renaissance* (Brussels: Lamertin, 1934); Josef Strelka, *Der burgundische Renaissancehof Margarethes von Österreich und seine literarhistorische Bedeutung* (Vienna: Sexl, 1957); Gerhard Goebel, *Poeta Faber: erdichtete Architektur in der italienischen, spanischen und französischen Literatur der Renaissance und des Barock* (Heidelberg: Winter, 1971).

3. Jean Lemaire de Belges, *Les Epîtres de l'Amant vert*, ed. Jean Frappier, Textes Littéraires Français (Lille: Giard & Geneva: Droz, 1948), and *La Concorde des deux langages*, ed. Jean Frappier, Textes Littéraires Français (Paris: Droz, 1947). All quotations from these works will be based on the Frappier editions and will not be footnoted.

4. Color symbolism, of course, is one of the basic constituent elements in Lemaire's own *Couronne Margaritique*, the *encomium* he composed for Duke Philibert, Margaret's late husband.

5. Frappier, ed., *Epîtres*, pp. xv, xxiii, xxxvi.

6. For the theme of life and death in Jean's works, see Manfred Bambeck, "Aus alter Form zu neuem Leben: Versuch einer Deutung der Dichtung des Jean Lemaire de Belges," *Zeitschrift für französische Sprache und Literatur*, 68 (1958), 1-42.

7. For a Freudian interpretation of courtly love, explained in terms of the Oedipus complex, see Herbert Moller, "The Meaning of Courtly Love," *Journal of American Folklore*, 73 (1960), 39-52; and Richard A. Koenigsberg, "Culture and Unconscious Fantasy: Observations on Courtly Love," *Psychoanalytic Review*, 54 (1967), 36-50.

8. This problem has been researched by Franco Simone in a series of volumes. See especially *Il Rinascimento francese: studi e ricerche* (Turin: Società editrice internazionale, 1961); *Umanesimo, Rinascimento, Barocco in Francia* (Milan: Mursia, 1968); *Storia della storiografia letteraria francese* (Turin: Bottega d'Erasmo, 1969).

9. For an excellent modern reading of the ideological and narrative structure of the *Concorde*, from a different perspective than mine, see François Rigolot, "Jean Lemaire de Belges: concorde ou discorde des deux langages?" *Journal of Medieval and Renaissance Studies*, 3 (1973), 165-75.

10. The problem of Jean's "culture" has been examined extremely well by Pierre Jodogne in *Jean Lemaire de Belges* and in an important preliminary article, "L'Orientation culturelle de Jean Lemaire de Belges," *Cahiers de l'Association Internationale des Etudes Françaises*, 23 (1971), 85-103 (plus discussion, 342-45).

11. See Clive Staples Lewis, *English Literature in the Sixteenth Century, excluding Drama* (Oxford: Clarendon Press, 1954), pp. 1-65; and Nevill Coghill, "The Approach to English," in *Light on C.S. Lewis*, ed. Jocelyn Gibb (New York: Harcourt, Brace & World, 1965), pp. 51-66, esp. 60-61.

FRENCH FORUM MONOGRAPHS

1. Karolyn Waterson
   Molière et l'autorité: Structures sociales, structures comiques.
   1976.
2. Donna Kuizenga
   Narrative Strategies in *La Princesse de Clèves*. 1976.
3. Ian J. Winter
   Montaigne's Self-Portrait and Its Influence in France, 1580-
   1630. 1976.
4. Judith G. Miller
   Theater and Revolution in France since 1968. 1977.
5. Raymond C. La Charité, ed.
   O un amy! Essays on Montaigne in Honor of Donald M. Frame.
   1977.
6. Rupert T. Pickens
   The Welsh Knight: Paradoxicality in Chrétien's *Conte del Graal*.
   1977.
7. Carol Clark
   The Web of Metaphor: Studies in the Imagery of Montaigne's
   Essais. 1978.
8. Donald Maddox
   Structure and Sacring: The Systematic Kingdom in Chrétien's
   Erec et Enide. 1978.
9. Betty J. Davis
   The Storytellers in Marguerite de Navarre's *Heptaméron*. 1978.
10. Laurence M. Porter
    The Renaissance of the Lyric in French Romanticism: Elegy,
    "Poëme" and Ode. 1978.
11. Bruce R. Leslie
    Ronsard's Successful Epic Venture: The Epyllion. 1979.
12. Michelle A. Freeman
    The Poetics of *Translatio Studii* and *Conjointure*: Chrétien de
    Troyes's *Cligés*. 1979.
13. Robert T. Corum, Jr.
    Other Worlds and Other Seas: Art and Vision in Saint-Amant's
    Nature Poetry. 1979.

14. Marcel Muller
Préfiguration et structure romanesque dans *A la recherche du temps perdu* (avec un inédit de Marcel Proust). 1979.
15. Ross Chambers
Meaning and Meaningfulness: Studies in the Analysis and Interpretation of Texts. 1979.
16. Lois Oppenheim
Intentionality and Intersubjectivity: A Phenomenological Study of Butor's *La Modification*. 1980.
17. Matilda T. Bruckner
Narrative Invention in Twelfth-Century French Romance: The Convention of Hospitality (1160-1200). 1980.
18. Gérard Defaux
Molière, ou les métamorphoses du comique: De la comédie morale au triomphe de la folie. 1980.
19. Raymond C. La Charité
Recreation, Reflection, and Re-Creation: Perspectives on Rabelais's *Pantagruel*. 1980.
20. Jules Brody
Du style à la pensée: Trois études sur les *Caractères* de La Bruyère. 1980.
21. Lawrence D. Kritzman
Destruction/Découverte: Le Fonctionnement de la rhétorique dans les *Essais* de Montaigne. 1980.
22. Minnette Grunmann-Gaudet and Robin F. Jones, eds.
The Nature of Medieval Narrative. 1980.

French Forum, Publishers, Inc.
P.O. Box 5108, Lexington, Kentucky 40505

Publishers of *French Forum*, a journal of literary criticism